POLYGLOTT on tour

Myanmar

Der Autor
Martin H. Petrich

**Mit großer Faltkarte
& 80 Stickern
für die individuelle Planung**

www.polyglott.de

SPECIALS

24	Flussfahrten
30	Kinder
52	Kunsthandwerk
102	Tempelfeste & Theater

ERSTKLASSIG!

32	Die besten Strände
33	Wohnen mit Stil
50	Das Beste aus Birmas Küchen
90	Hübsche Holzklöster
93	Bagans schönste Tempel
99	Geballte Handwerkskunst
114	Bunte Märkte
118	Tolle Wanderungen

ALLGEMEINE KARTEN

4	Übersichtskarte der Kapitel
36	Die Lage Myanmars

REGIONEN-KARTEN

59	Yangon und der Süden
86	Zentral-Myanmar
92	Bagan
113	Shan-Staat
127	Kachin-Staat
133	Ayeyarwady-Delta und Westküste

STADTPLÄNE

67	Yangon
100	Mandalay

DETAILKARTEN

62	Shwedagon
92	Bagan

6 Typisch

8	Myanmar ist eine Reise wert!
11	Reisebarometer
12	50 Dinge, die Sie …
19	Was steckt dahinter?
159	Meine Entdeckungen
160	Checkliste Myanmar

20 Reiseplanung & Adressen

22	Die Reiseregion im Überblick
26	Klima & Reisezeit
27	Anreise
28	Reisen im Land
32	Sport & Aktivitäten
33	Unterkunft
150	Infos von A–Z
156	Register & Impressum

34 Land & Leute

36	Steckbrief
38	Geschichte im Überblick
41	Natur & Umwelt
41	Die Menschen
42	Glaubenswelten
45	Kunst & Kultur
48	Feste & Veranstaltungen
49	Essen & Trinken
51	Shopping
158	Mini-Dolmetscher

SYMBOLE ALLGEMEIN

Erstklassig	Besondere Tipps der Autoren
SPECIAL	Besondere Aktivitäten
SEITENBLICK	Spannende Anekdoten zum Reiseziel
	Top-Highlights und Highlights der Destination

54 Top-Touren & Sehenswertes

56 Yangon und der Süden
58 Tour ① Ins Land der Mon
59 Tour ② Im tiefen Süden
60 Unterwegs in Yangon
73 Unterwegs im Süden

84 Zentral-Myanmar
87 Tour ③ Myanmars kulturelles Herz
87 Tour ④ Westlich des Ayeyarwady
88 Unterwegs in Zentral-Myanmar

110 Shan- und Kachin-Staat
112 Tour ⑤ Ländliches Idyll im Shan-Staat
112 Tour ⑥ Entlang der alten Burma Road
113 Unterwegs im Shan-Staat
127 Tour ⑦ Im hohen Norden
128 Unterwegs im Kachin-Staat

130 Ayeyarwady-Delta und die Westküste
132 Tour ⑧ An den Golf von Bengalen
132 Tour ⑨ Im Land der Rakhine
134 Unterwegs im Ayeyarwady-Delta und an der Westküste

146 Extra-Touren
147 Tour ⑩ Myanmar klassisch (2 Wochen)
148 Tour ⑪ Myanmar intensiv (3 Wochen)
149 Tour ⑫ Abseits der Hauptrouten (3 Wochen)

	TOUR-SYMBOLE		**PREIS-SYMBOLE**	
①	Die POLYGLOTT-Touren		Hotel DZ	Restaurant
⑥	Stationen einer Tour	€	bis 50 EUR	bis 5 EUR
①	Hinweis auf 50 Dinge	€€	51 bis 100 EUR	6 bis 10 EUR
[A1]	Die Koordinate verweist auf die Platzierung in der Faltkarte	€€€	über 100 EUR	über 10 EUR
[a1]	Platzierung Rückseite Faltkarte			

Perfekte Planung
Parallel Klappe vorne links aufschlagen

Touren-Start

Top 12 Highlights

1. Shwedagon-Pagode › S. 60
2. Altstadt von Yangon › S. 66
3. Kyaik-htiyo (Goldener Felsen) › S. 75
4. Bagan › S. 90
5. Mandalay › S. 101
6. Inle-See › S. 116
7. Pagodenwald von Kakku › S. 121
8. Kyaing Tong › S. 121
9. Pyin U Lwin › S. 124
10. Ngwe Saung › S. 137
11. Mrauk U › S. 139

Kyaik-htiyo, der goldene Fels, ist eine der heiligsten buddhistischen Stätten Myanmars

TYPISCH

Myanmar ist eine Reise wert!

Jahrzehnte war Myanmar Besuchern verschlossen. Dann mieden Besucher das frühere Birma wegen der Militärdiktatur. Doch seit seiner Öffnung zählt das Land mit seinen Kulturschätzen und seiner ethnischen Vielfalt zu den angesagtesten Reisezielen Asiens. Zu Recht.

Der Autor **Martin H. Petrich** lebt in Berlin und Yangon. Als Studienreiseleiter bereist er Myanmar seit Mitte der 1990er-Jahre. Das Land hat es ihm besonders angetan, denn hier lässt sich noch viel Ursprüngliches entdecken. Wo sonst begegnet man noch urigen Ochsenkarren, derart unterschiedlichen Volksgruppen und einem so lebendigen Buddhismus. Vor allem schätzt der Südbadener die Liebenswürdigkeit der Menschen.

Die vier Jungs sind sichtlich stolz. In Prinzengewänder gehüllt, thronen sie auf den herausgeputzten Pferden. Unter ihren Turbanen entstehen erste Schweißperlen, denn noch müssen sie ausharren, bis die Prozession sich in Bewegung setzen kann. Die goldenen Schirme bieten nur wenig Schutz vor der gleißenden Aprilsonne. Vor ihnen stellen sich farbenfroh gekleidete Mädchen mit Opfergaben auf, hinter ihnen sitzen weitere Mädchen in glitzerndem Outfit auf üppig dekorierten Ochsenkarren. Die Spitze der Prozession bildet ein Trupp von Jugendlichen, die wie

Viele Dörfer am Inle-See sind nur per Boot zu erreichen

Myanmar ist eine Reise wert!

In Myanmar wird das Shin-Phyu-Fest sehr prachtvoll gefeiert

Gern als Land der Pagoden besungen, hat Myanmar indes weit mehr zu bieten als nur religiöse Stätten. Bei einer Reise durch Myanmar begegnet man verschiedensten Volksgruppen, die jeweils ihre ganz eigenen Traditionen pflegen. Wenn es auch nicht unbedingt 135 Ethnien sind, wie offiziell verkündet, so leben vor allem in den Bergen sehr viele verschiedene Minderheiten. Das Spektrum ihrer Eigenarten ist breit gefächert: von den Frauen der Chin, die ihre Gesichter tätowieren, über die Männer der Nagas, die ausladenden Kopfschmuck tragen, bis zu den Familien der Loi Wa, die gemeinsam in Langhäusern leben.

Rapper zu lauter Musik tanzen. Dann geht es los und der Zug windet sich mit diversen Zwischenstationen an populären Pagoden durch die Straßen. Ziel ist ein Kloster am Stadtrand, wo die vier Jungs vom Abt empfangen werden, um sie ins Kloster aufzunehmen. Schon bald werden aus hübschen Prinzen in Prachtgewändern kahlgeschorene Mönche in rostroten Roben.

Diese *Shin Phyu* genannte Zeremonie zählt zu den Höhepunkten im Leben eines Heranwachsenden, der mindestens einmal im Leben als Mönch in ein Kloster gehen wird. Dieses Ritual findet auch in anderen buddhistischen Regionen Asiens statt, doch nirgends wird es so prachtvoll gefeiert wie in Myanmar. Und das ist typisch für dieses faszinierende Land. Alles ist hier etwas größer, goldener, feierlicher. Nirgends gibt es mehr Pagoden, nirgends mehr Buddhas, nirgends mehr Mönche.

Ähnlich abwechslungsreich und vielfältig wie die Menschen sind die Landschaften Myanmars. Auf einer Fläche von 676 577 km², etwa doppelt so groß wie Deutschland, wechseln schneebedeckte Fünftausender an der Grenze zu Tibet ab

In Mandalay kann man den Kunsthandwerkern zuschauen

Myanmar ist eine Reise wert!

Myanmars Landwirtschaft ist noch nicht industrialisiert

mit fruchtbaren Mittelgebirgen im Shan-Staat oder savannenartigen Trockengebieten im Landesinneren. Am Golf von Bengalen und im Süden säumen palmenbeschattete Sandstrände die Küste.

Doch lange wollte das Land nichts von ausländischen Touristen wissen. Nach dem Militärputsch von 1962 führte General Ne Win das damalige Birma in die Isolation. Später, nach dessen Öffnung in den 1990er-Jahren wiederum mieden viele Besucher den südostasiatischen Staat, um damit gegen die brutalen Menschenrechtsverletzungen zu protestieren. Eine Reise nach Myanmar wurde zum Politikum.

Doch wer Myanmar trotzdem bereiste, war schon sehr bald vom Charme der Menschen eingenommen – so erging es auch mir. Zwar war klar, dass Militärangehörige am Tourismus kräftig verdienten, doch das taten auch die vielen kleinen Leute – die Souvenirverkäuferin aus Mandalay ebenso wie der Kutschenfahrer in Bagan oder die Restaurantbesitzerin auf dem Inle-See. Sie und ihre Familien waren auf Touristen angewiesen. Manche Besucher gründeten sogar Hilfsprojekte, um dem verarmten Land zu helfen. In vielen Gesprächen wurde mir deutlich: Die Menschen wollen den Austausch mit Besuchern aus aller Welt, sie wollen nicht mit ihren Diktatoren alleingelassen werden.

Mit den Wahlen im Jahr 2010 und dem anschließenden Demokratisierungsprozess hat in Myanmar eine neue Ära begonnen. Was vorher unerschwinglich war, können sich heute immer mehr Menschen leisten – vom schicken Smartphone über Fernseher bis zum neuen Auto.

Sicherlich wird vieles verloren gehen, traditionelle Handwerkskünste ebenso wie rustikale Holzhütten oder altertümliche Gefährte. Das mag jene enttäuschen, die in Myanmar noch das ursprüngliche Asien suchen und den Bauer lieber hinter dem Holzpflug als auf dem Traktor fotografieren. Auch nehmen die entwicklungsbedingten Probleme rapide zu, was vor allem an den vollen Straßen in den Städten und dem allseits präsenten Müll sichtbar wird. Doch es wird auch viel Neues entstehen, die Kreativität der Birmanen ist legendär. Freuen Sie sich auf ein spannendes Reiseziel, genießen Sie mit all Ihren Sinnen seine vielen Facetten und lassen Sie sich anstecken von der Liebenswürdigkeit der Menschen.

Reisebarometer

Was macht Myanmar so besonders? Sicherlich die Mischung aus abwechslungsreichen Landschaften, atemberaubenden Kulturdenkmälern und beeindruckenden Volksgruppen. Vor allem ist es aber die Freundlichkeit der Menschen.

Abwechslungsreiche Landschaften
Es locken Fünftausendergipfel und endlose Strände.

Kulturelle Höhepunkte
Berühmt ist die Vielzahl an buddhistischen Stätten.

Kulinarische Genüsse
Herrlich duftende Currys und leckere Nudelsuppen

Reisespaß für Kinder
Die Reiseerlebnisse sind auch für Kinder sehr spannend.

Einkaufsmöglichkeiten
Von Kunst bis Krempel ist alles zu haben.

Outdoor-Aktivitäten
Traumlandschaften laden zu Wander- und Radtouren ein.

Freizeitsport
Wie wäre es mit Chinlon, Myanmars berühmtem Ballspiel?

Geeignet für Strandurlaub
Endlose Strände ja, Strandinfrastruktur vielerorts nein

Sicherheit
Myanmar ist ein sicheres Reiseland, auch für Frauen.

Preis-Leistungs-Verhältnis
Unterkünfte sind teuer, Reisen und Essen sind günstig.

● = gut   ●●●●●● = übertrifft alle Erwartungen

50 Dinge, die Sie …

Hier wird entdeckt, probiert, gestaunt, Urlaubserinnerungen werden gesammelt und Fettnäpfe clever umgangen. Diese Tipps machen Lust auf mehr und lassen Sie die ganz typischen Seiten erleben. Viel Spaß dabei!

… erleben sollten

(1) Küchendüfte Die Mahabandoola Road in Yangons Chinesenviertel › S. 68 verwandelt sich allabendlich zwischen Latha und Lanmadaw Street in eine Futtermeile. Staunen Sie über die ungewöhnlichsten Gerichte und lassen Sie sich von den Gerüchen verführen.

(2) Treppenmarsch Der Charme Mawlamyines › S. 79 eröffnet sich besonders beim Aufstieg zum Pagodenhügel über den überdachten Treppenzugang vom Stadtzentrum aus. Dazu startet man an der Strand Road und folgt der Kyaik Thanlan Pagoda Road gen Osten.

(3) Wasserschlacht Wenn Sie Mitte April in Myanmar reisen, sollten sie das Neujahrsfest Thingyan › S. 101 in Mandalay mitfeiern. Auch Fremde bleiben hier nicht von plötzlichen Wassergüssen verschont. Unabdingbares Untensil: eine Wasserpistole.

(4) Vogelparadies Gut 300 Vogelarten machen den Natmataung-Nationalpark zum Dorado für Naturfreunde. Der Spezialanbieter SST Tourism › S. 143 arrangiert von Kennern geführte Touren, bei denen die Vögel vor die Fotolinse fliegen.

(5) Elefanten baden Im Green Hill Valley Elephant Camp [D6] bei Kalaw können Sie Dickhäutern näher kommen und ihnen den Rücken schrubben (Kyaung St. 17, Ahlone Township, Yangon, Tel. 09-73107278, www.ghvelephant.com).

(6) See Indawgyi Unternehmen Sie mit den »Freunden des Sees«, Inn Chit Thu [C3], eine Kajaktour auf Myanmars größtem See › S. 129 und erleben Sie die Seedörfer (Indawgyi Mahar Guesthouse, Lone Ton).

(7) Unter Palmen Strand und Meer gehören Ausflüglern in Sinma › S. 137 noch ganz alleine. Ab dem Shwe Hintha Hotel [B8] in Ngwe Saung Beach geht es mit dem Moped zu dem paradiesischen Fleckchen (Pathein, Tel. 042/40340).

(8) Radtour Mit Grasshopper [C5] radeln Sie von Mandalay nach Bagan durch die größte Ebene Myanmars und kommen gleichzeitig den Menschen sehr nahe (3 Mya Sandar Lane, Mandalay, Tel. 02/659886, www.grasshopperadventures.com).

(9) Kochen bei Kyaw Das Restaurant Kyaw Kitchen [C6] in Neu-Bagan weist interessierte Gäste in seinem Innenhof unterm Niembaum

50 Dinge, die Sie ...

Per Aufzug oder zu Fuß geht es in Mawlamyine auf den Pagodenhügel

in die Kunst birmanischen Kochens ein. Das Resultat dürfen Sie auch essen (4th St., Tel. 061-65103).

⑩ **Panoramaspaziergang** Von den Pindaya-Höhlen › S. 114 führt ein überdachter Weg seitlich des Hangs zum 1775 gegründeten Elefantenkopf-Kloster, Hsin Khaung Kyaung. Dabei eröffnen sich tolle Ausblicke in die Ebene.

⑪ **Leben am Fluss** Bei einer Bootstour durch die Kanäle von Pathein › S. 136 lohnt ein Besuch der geschäftigen Dörfer der Kayin-Minderheit (Mr. Soe Moe Aung [C8], Tel. 09/250322368, pathein.touristinformation@gmail.com).

⑫ **Blumen in der Flasche** Im Pilgerort des Mount Popa › S. 98 sieht man allerorten Flaschen mit gelben Blüten, welche vom Sagabaum *(Michelia champaca)* stammen und Buddha geopfert werden. Erstehen Sie auch eine, verkauft werden sie an den Souvenirständen im Dorf und am Treppenaufstieg zum Berg.

... probieren sollten

⑬ **Köstliche Nascherei** Muslimische Einwanderer haben Halawa, eine auf Sesam basierende Süßigkeit, ins Land gebracht. Die beste Halawa finden Sie in den Läden an der Merchant Street › S. 135 in Pathein.

⑭ **Königliche Nudelsuppe** Die letzte Königsstadt Mandalay ist bekannt für Mishee, eine gut gewürzte Suppe mit weichen Reisnudeln. Sie gibt es in den Garküchen rund um den Zegyo-Markt › S. 105.

⑮ **Fischpaste aus Sittwe** Ihre Nase mag über den Geruch nicht besonders begeistert sein, aber die Fischpaste, *nga pie,* gehört zum birmanischen Curry einfach dazu. Die beste stammt aus Sittwe › S. 138 und gibt's im Supermarkt.

⑯ **Wein aus den Bergen** Das von einem Deutschen geführte Weingut von Aythaya [D6] zählt zu den Pionieren des edlen Tropfens. Probie-

Eine klassische Tanzaufführung sollten Sie sich nicht entgehen lassen

ren Sie ein Gläschen und genießen Sie den Ausblick (www.myanmarvineyard.com).

17 Grüntee zum Essen *Lephet thoke,* eingelegte Teeblätter, werden in Myanmar gern zusammen mit gerösteten Bohnen und Linsen gegessen. Eine gute Auswahl finden Sie an den Ständen beim Höhleneingang von Pindaya › **S. 114**.

18 Seafood am Strand Die Küche der Laguna Lodge Ngapali › **S. 144** bezieht Hummer direkt von den Fischern des Ortes. Serviert wird der köstliche Schmaus direkt am Strand mit Blick aufs Meer.

19 Mohinga am Morgen Myanmars Leibgericht zum Frühstück: Die Fischsuppe gibt es vor allem an den Straßenständen oder auf den Märkten, u. a. beim Markt im Stadtzentrum von Nyaung U › **S. 98**.

20 Papayasalat mit Schärfe Vor allem wenn es heiß ist, wirkt der grüne Papayasalat mit Chili sehr erfrischend. Wer Scharfes mag, kann in Kakku › **S. 121** an einem der Stände vorbeischauen.

21 Kaffeegenuss Auch in Myanmar kommt Kaffee immer mehr in Mode. Wenn es nachmittags kühler wird, mundet er besonders gut im Golden Triangle Café & Bakery › **S. 125** in Pyin U Lwin.

22 Süße Mangos Die besten Mangos sind in den Monaten Mai bis August rund um Mandalay zu haben, u. a. auf dem Zentralmarkt › **S. 105**.

... bestaunen sollten

23 Yangon-Panorama In Yangon etablieren sich immer mehr Dachbars. Von der Rooftop Sapphire Bar & Lounge › **S. 70** des Alfa Hotels haben Sie einen tollen Blick auf die Shwedagon-Pagode (41, Nawaday St, Yawmingyi Qr., tgl. 15–3 Uhr).

24 Planetenandacht Wenn Sie wissen, an welchem Wochentag Sie geboren wurden, können Sie an der

50 Dinge, die Sie …

Shwedagon-Pagode in Yangon die entsprechende Planetenandachtsstelle › S. 62 aufsuchen und dort Buddha als Opfergabe mit Wasser übergießen.

㉕ **Königlicher Glanz** Im Seindon-Mibaya-Kloster von Mawlamyine › S. 80 lässt sich die Pracht der letzten Monarchie erahnen. Das palastartige Interieur stammt von einer der Königinnen Mindons. Das Kloster liegt auf dem Hügel südlich der Kyaik-Thanlan-Pagode.

㉖ **Elegante Buddhas** Das Nga-Phe-Chaung-Kloster › S. 118 auf dem Inle-See besitzt eine Sammlung geschnitzter Buddhastatuen im typischen Shan-Stil, hochaufragend, vergoldet und mit eingelegten Spiegelmosaiken. Lassen Sie sich von ihrem sanften Lächeln bezaubern.

㉗ **Blühende Felder** Zum Ende der Regenzeit zeigt sich der Shan-Staat von seiner schönsten Seite. Auf der Autofahrt von Aung Ban bzw. Heho nach Pindaya [D6] können Sie gelb blühende Nigersaat- und grüne Ingwerfelder bestaunen.

㉘ **Flinke Finger** Um die tausend Cheroots, Zigarren, drehen die Arbeiterinnen der Red Star Cigar Factory › S. 121 in Taunggyi pro Tag. Überzeugen Sie sich selbst von der Fingerfertigkeit.

㉙ **Frisuren aus Stein** Im Korridor des Htukkhan-Thein-Tempels › S. 140 in Mrauk U sind 64 Frauenstatuen mit unterschiedlicher Haarpracht dargestellt. Eventuell inspirieren sie zu eigenen Kreationen.

㉚ **Traditionelle Tanzkunst** Das Mintha Theatre [C5] bietet auf seiner Bühne allabendlich klassische Tänze (27th St. zw. 65th und 66th St., Mandalay, Tel. 09/6803607, www.minthatheater.com).

… mit nach Hause nehmen sollten

㉛ **Kitsch und Kunst** Ob als Tuschezeichnung, Aquarell oder Collage – manche Postkarte ist ein wahres Kunstwerk. Eine gute Auswahl finden Sie auf dem Bogyoke-Aung-San-Markt › S. 66 in Yangon.

㉜ **Buddhas aus Palmholz** Die Shwethalyaung-Pagode › S. 74 ist nicht nur bekannt für den liegenden Buddha, sondern auch für das dort verkaufte Kunsthandwerk. Vor al-

Nudelsuppe zum Frühstück

lem die Schnitzarbeiten aus Palmholz sind schöne Mitbringsel.

㉝ **Natürlicher Sonnenschutz** Die weiche Rinde des Thanaka-Baumes dient als Make-up und Sonnenschutz. Ganze Stämme und Äste des Gehölzes verkaufen die Stände an den Zugängen zur Shwezigon-Pagode › **S. 91** in Bagan.

㉞ **Rattan-Bälle** Myanmars Nationalsport, Chinlon, wird in jeder freien Minute gespielt. Zu finden sind die dekorativen Bälle bei der freundlichen Win Family › **S. 95** am Thatbyinnyu-Tempel in Bagan.

㉟ **Marionetten** Wenn Sie zu Hause eine Prinzessin zu Gast haben wollen, kaufen Sie die Marionetten dazu bei Aung Nan Handicrafts › **S. 53** in Mandalay. Die königlichen Puppen sind in prachtvolle Gewänder gekleidet.

Myanmars berühmte Marionetten

㊱ **Blattgold** Die Blattgoldschläger des Golden Rose › **S. 107** in Mandalay schlagen mit vollem Körpereinsatz stundenlang auf das Gold ein, bis es zur hauchdünnen Schicht wird. Decken Sie sich ein und veredeln Sie zu Hause damit einen Bilderrahmen.

㊲ **Schneeweißer Marmor** Wenn Sie wollen, können Sie einen tonnenschweren Buddha bestellen. Aber es gibt bei den Steinmetzen an der Mahamuni-Pagode › **S. 107** auch Figuren in handlicheren Formaten.

㊳ **Zarte Stoffe** Die Webereien von Inpawkone › **S. 119** auf dem Inle-See produzieren nicht nur schöne Seidenstoffe, sondern auch Schals und Tücher gemischt mit Fasern der Lotosblume (ab 15 €).

㊴ **Stofftasche** In die roten Umhängetaschen der Pa-O passt zu Hause auch der Einkauf rein. Suchen Sie sich auf dem Mingalar-Markt › **S. 116** in Nyaung Shwe eine Tasche aus.

㊵ **Kachin Chique** Die Wickelröcke der Kachin sind mittlerweile im ganzen Land beliebt. Verkauft werden sie z. B. im Weberviertel Shwe Nyaung Bin in Mitkyina [D3].

… bleiben lassen sollten

㊶ **Berührungen** Sei es das Haupt eines Kindes, der Arm einer fremden Frau, aber auch der Hausaltar

An vielen Orten in Myanmar müssen Schuhe draußen bleiben

– mit Berührungen sollten Sie sehr zurückhaltend sein und soziale und religiöse Tabus respektieren.

㊷ **Sich lautstark beschweren** So sehr Sie sich im Recht fühlen mögen: Unterlassen Sie lautstarke Proteste bei mangelhaften Serviceleistungen. Damit verlieren Sie nur Ihr Gesicht.

㊸ **Topless am Strand** Myanmar mag nicht mehr so prüde sein wie einst, aber sich oben ohne in der Sonne zu aalen, ist nach wie vor verboten.

㊹ **Porträtfotos** In Zeiten von Tablets, Smartphones und Digitalkameras fotografieren auch die Birmanen, was das Zeug hält. Trotzdem: Fragen Sie – vor allem bei den Minderheiten – bei Porträts immer um Erlaubnis.

㊺ **Strandoutfit** Bei einem Pagodenbesuch sollten Sie keine kurzen Hosen, Miniröcke, Hotpants oder ärmellose T-Shirts tragen.

㊻ **Korallen kaufen** Leider sind Muscheln und Korallen an den Souvenirständen in Strandnähe noch allgegenwärtig. Lassen Sie bitte zum Schutz der Natur die Finger davon.

㊼ **Schuhe anlassen** Egal ob Sie in ein Privathaus oder eine Pagode eintreten, die Schuhe müssen immer draußen bleiben.

㊽ **Drogen probieren** Der Shan-Staat zählt zu den Hauptanbaugebieten für Opium. Das mag zum Ausprobieren verleiten, wird aber mit hohen Haftstrafen geahndet.

㊾ **Küsschen geben** So sehr Sie Ihren Partner oder Ihre Partnerin lieben, seien Sie mit Liebesbekundungen in der Öffentlichkeit zurückhaltend.

㊿ **Zusammen essen, einzeln bezahlen** In Myanmar zahlt in Lokalen und Restaurants immer einer für alle. Wer in größeren Gruppen essen geht, kann ja die Einzelposten im Nachhinein auseinanderdividieren.

Die ganze Welt von POLYGLOTT

Mit POLYGLOTT ganz entspannt auf Reisen gehen. Denn bei über 150 Zielen ist der richtige Begleiter sicher dabei. Unter www.polyglott.de finden Sie alle POLYGLOTT Reiseführer und können ganz einfach direkt bestellen. GUTE REISE!

Meine Reise, meine APP!

Ob neues Lieblingsrestaurant, der kleine Traumstrand, die nette Boutique oder ein besonderes Erlebnis: Die kostenfreie App von POLYGLOTT ist Ihre persönliche Reise-App. Damit halten Sie Ihre ganz individuellen Entdeckungen mit Fotos und Adresse fest, verorten sie in einer Karte, machen Anmerkungen und können sie mit anderen teilen. So wird Ihre Reise unvergesslich.

Mehr zur App unter www.polyglott.de/meineapp und mit dem QR-Code direkt auf die Seite gelangen

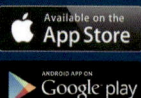

Geführte Tour gefällig?

Wie wäre es mit einer spannenden Stadtrundfahrt, einer auf Ihre Wünsche abgestimmten Führung, Tickets für Sehenswürdigkeiten ohne Warteschlange oder einem Flughafentransfer? Buchen Sie auf **www.polyglott.de/tourbuchung** mit rent-a-guide bei einem der deutschsprachigen Guides und Anbieter weltweit vor Ort.

Clever buchen, Geld sparen mit *Gutscheinaktion* unter www.polyglott.de/tourbuchung

Die Gutscheinaktion läuft mind. bis 01.09.2016. Veranstalter der Aktion: rent-a-guide GmbH

www.polyglott.de

Was steckt dahinter?

Die kleinen Geheimnisse sind oftmals die spannendsten. Wir erzählen die Geschichten hinter den Kulissen und lüften für Sie den Vorhang.

Warum verhauen Birmanen das Geld?

Es ist ein beliebtes morgendliches Ritual und auf Märkten und an Souvenirständen häufig zu beobachten. Mit dem ersten am Tag verdienten Geldschein klopfen die Verkäuferinnen auf all Ihre Waren. Dieses *lucky money,* glücksbringende Geld, soll die guten Geister anlocken und den Handel ankurbeln. Ist Buddha für eine gute Wiedergeburt und die Moral zuständig, sorgen Geister und Götter für Gesundheit und gute Geschäfte. Und wenn das Geldklopfen nicht weiterhilft, wird der nächste Nat-Schrein aufgesucht.

Was ist denn Cheroot?

Mit dem birmanischen Mädchen, das eine Cheroot raucht, »first a-smokin' of a whackin' white cheroot«, hat Rudyard Kipling in seinem 1890 veröffentlichten Gedicht »On the Road to Mandalay« der birmanischen Zigarre ein literarisches Denkmal gesetzt. Auch heute noch sind die markanten grünen Cheroots überall präsent. Der englische Begriff leitet sich von dem tamilischen Wort für ›rollen‹, ›curuttu‹, ab. Beim Drehen wird Tabak mit Duftholz gemischt und in ein getrocknetes Blatt des Thanaphet-Baumes (Cordia dichotoma) gewickelt. Dieser Baum gedeiht vor allem im südlichen Shan-Staat.

Warum haben viele Birmanen dunkle Zähne?

Das kommt vom Kauen der Betelnuss, bei dem sich im Mund ein blutroter Saft bildet, der die Lippen dunkel, die Zähne schwarz und die Straßen rostrot färbt. Die Betelnuss ist Volksdroge Nummer eins, fast die Hälfte der Einwohner soll ihrem Genuss verfallen sein. Die pflaumengroße Nuss der Arekapalme wird zerkleinert und zusammen mit dem gelöschten Kalk auf den grünen Blättern des Betelpfeffers verteilt. Je nach Wunsch werden Anis oder Tabak beigefügt. Der Saft enthält stimulierende Substanzen.

Warum bemalen Birmaninnen ihr Gesicht?

Zuweilen sieht es aus wie Kriegsbemalung, denn die weiße Paste wird gerne in dekorativen Mustern aufgetragen. Sie stammt vom Thanaka-Baum, der vor allem in der Trockenzone Ober-Myanmars angebaut wird und über eine weiche Rinde verfügt. Diese wird auf einem mit Wasser benetzten Stein zu einer hellen Paste verrieben, welche aufs Gesicht und manchmal auf die Arme aufgetragen wird. Warum das Ganze? Die Paste verhindert das Austrocknen der Haut und schützt vor den Sonnenstrahlen. Denn in Myanmar gilt es für Frauen als Schönheitsideal, eine helle Haut zu haben.

Ngapali Beach – einer der schönsten Strände Myanmars

REISE-PLANUNG & ADRESSEN

Die Reiseregion im Überblick

»Das Land umfängt seine Freunde mit einer Art von Zauber, den sie nicht durchbrechen können, selbst wenn sie es wollten«, schrieb der amerikanische Historiker John F. Cady einst über Myanmar.

Und in der Tat zieht das Land seine Gäste auf ganz besondere Weise in seinen Bann, sei es beim Besuch der weltberühmten Shwedagon-Pagode oder der alten Rakhine-Metropole Mrauk U, bei einer Fahrt in der Kutsche durch die Tempelwelt von Bagan oder bei einer Bootsfahrt auf dem Inle-See. Was vielerorts in Asien verschwunden ist, gehört hier noch zum ganz normalen Alltagsbild: die Ochsenkarren am Straßenrand und die Pferdedroschken in den Provinzstädten, Cheroot rauchende Frauen und Longyi tragende Männer. Praktisch jeder Tourist landet in **Yangon,** der multikulturellen 5-Millionen-Metropole mit viel kolonialem Flair und attraktiven Sakralbauten. Die Stadt ist ein guter Ausgangspunkt für mehrtägige Ausflüge, etwa nach Osten nach Bago, zum Kyaik-htiyo (Goldenen Felsen) und weiter nach Mawlamyine. Der schmale **Süden** zieht sich zwischen der Andamanensee und dem Tanintharyi-Gebirge entlang der Grenze zu Thailand. Dort liegen die wichtigen Hafenstädte Dawei, Myeik und Kawthoung sowie der große Myeik-Archipel mit über 800 Inseln.

In **Zentral-Myanmar** liegen die bedeutendsten kulturellen Zentren des Landes, allen voran das wunderbare Bagan, das mit seinen 2000 Tempelruinen zum Höhepunkt einer jeden Myanmar-Reise zählt, und die Millionenmetropole Mandalay. Einige sympathische, wenn auch wenig spektakuläre Städte reihen sich entlang des Ayeyarwady: Pakokku, Magwe und Pyay.

Shan- und **Kachin-Staat** bilden mit ihren vielen Minderheiten und isolierten Bergregionen eine Welt

---

Daran gedacht?

Einfach abhaken und entspannt abreisen

- [ ] **Impfungen bei Bedarf** (siehe Infos von A–Z)
- [ ] **Reisepass, auch für jedes Kind, egal welchen Alters**
- [ ] **Flug-/Bahntickets**
- [ ] **Auslandskrankenversicherung abschließen**
- [ ] **Babysitter für Pflanzen und Tiere organisiert**
- [ ] **Zeitungsabo umleiten/abbestellen**
- [ ] **Postvertretung organisiert**
- [ ] **Hauptwasserhahn abdrehen**
- [ ] **Fenster zumachen**
- [ ] **Nicht den AB besprechen »Wir sind drei Wochen weg«**
- [ ] **Kreditkarte einstecken**
- [ ] **Medikamente einpacken**
- [ ] **Ladegeräte**
- [ ] **Adapter einstecken**

Die Reiseregion im Überblick

Ein Wa-Dorf im Goldenen Dreieck

für sich. Derzeit sind nur Teilgebiete für Touristen bereisbar. Zu den landschaftlichen Highlights zählt im südlichen Teil des Shan-Staates fraglos der Inle-See mit seinen Schwimmenden Gärten, Einbeinruderern und Märkten. Weitere interessante Orte sind der koloniale Luftkurort Kalaw, das reizvoll gelegene Pindaya und die lebendige Handelsstadt Taunggyi. Kyaing Tong im tiefen Osten ist Ausgangspunkt für Tageswanderungen zu Dörfern ethnischer Minderheiten. Von Mandalay empfiehlt sich eine Bahnfahrt über die einstige britische Sommerresidenz Pyin U Lwin und die alte Fürstenstadt Hsipaw nach Lashio kurz vor der chinesischen Grenze. Der Kachin-Staat im hohen Norden gehört den Entdeckern: Während Myitkyina zum Manao-Fest im Januar Zigtausende Besucher anlockt, eignet sich das nur über den Luftweg erreichbare Putao als Ausgangspunkt für Trekkingtouren in die südlichen Ausläufer des Himalaya.

Das riesige **Ayeyarwady-Delta,** als Reiskammer Myanmars für die Landwirtschaft enorm wichtig, wird von den meisten Touristen links liegen gelassen. Ausnahmen sind die Deltastadt Pathein und die Strände von Chaungtha und Ngwe Saung am Golf von Bengalen. Entlang der **Westküste** zieht sich die Provinz Rakhine mit einer ganz eigenen Vergangenheit. Dort lockt mit Ngapali nicht nur einer der schönsten Strände des Landes, sondern weiter nördlich das alte politische Herz, Mrauk U, mit zahlreichen Tempelruinen. Noch etwas weiter erstreckt sich entlang der indischen Grenze der größtenteils für Touristen verschlossene Chin-Staat.

SPECIAL

Auf Myanmars Wasserstraßen

Einst war in Myanmar die größte private Flotte der Welt zu Hause, die 1865 gegründete Irrawaddy Flottilla Company. Noch heute sind die auf über 8000 km befahrbaren Flüsse für den Transport von Waren und Menschen nicht wegzudenken. Ob deluxe, nostalgisch oder einfach: Eine Bootstour ist hier ein unvergessliches Erlebnis.

Inland Water Transport

Mit ihren fast 500 Booten bedient die staatliche Schifffahrtsgesellschaft alle wichtigen Wasserwege. Erfahrene Kapitäne und erfinderische Maschinisten tun ihr Bestes, um den Betrieb der meist altersschwachen Fähren aufrechtzuerhalten. Einige neuere Exemplare chinesischer Bauart frequentieren die Hauptrouten. Die IWT-Fähren bieten wenig Komfort, dafür eine wunderbare Gelegenheit, mit den Einheimischen in Kontakt zu kommen. Buchen Sie frühzeitig eine der wenigen, leider überteuerten und oft schmuddeligen Kabinen auf dem Oberdeck in einem der lokalen IWT-Büros.

- **Inland Water Transport (IWT)**
  In Mandalay: Gawein Jetty, 35th St., Tel. 02/86035. Weitere Büros in jeder von IWT-Fähren frequentierten Stadt.
  50 Pansodan St. | Yangon
  Tel. 01/295738, 381912

Auf dem Ayeyarwady

Der 2170 km lange Strom ist einer der wichtigsten Wasserwege des Landes und seit Rudyard Kiplings Gedicht »Road to Mandalay« weltberühmt. Neben den IWT-Fähren verkehren mehrere Kreuzfahrtschiffe. Besonders beliebt ist die Fahrt zwischen Bagan und Mandalay, obwohl die Strecke eher eintönig ist. Die luxuriöse »Road to Mandalay« bietet viel Komfort inklusive Pool. Stilvolle Nachbauten der alten Irrawaddy-Fähren und rustikale Flussschiffe sind in zunehmender Zahl im Einsatz. Die komfortable »RV Yandabo« bietet bis zu 30 Personen Platz und bedient einmal wöchentlich die Strecke Bagan–Mandalay. Für Traveller sind die Shwe Keinnery und Mallikha eine gute Wahl, deren Fähren in der Saison täglich zwischen Mandalay und Bagan verkehren (mind. 10 Std.). Tickets bucht man über die Unterkünfte oder Reisebüros.

Ein echtes Erlebnis ist die Fahrt von Myitkyina über Bhamo nach Mandalay – durch schroffe Schluchten, vorbei an rauschenden Wäldern und lauschigen Orten. Mit kleineren Booten geht es zunächst nach Bhamo (Übernachtung in Simbo) und dann mit IWT-Fähren nach Mandalay (je nach Wasserstand ca. 3 Tage).

- **Belmond Road to Mandalay, Belmond Orcaella**
  Spiesergasse 12–16 | 50670 Köln
  Tel. 0800/183 07 81
  www.belmond.com
- **Sanctuary Ananda**
  Swindon Village | Großbritannien
  Tel. +44/1242/54 66 09
  http://retreats.com
  www.sanctuaryretreats.com
- **RV Paukan 1947, Ayravata Cruises** [C8]
  25 38th St. | Yangon
  Tel. 01/38 08 77
  www.ayravatacruises.com
- **Amara, Myanmar-Discovery Reise**
  München | Tel. 089/272 15 96
  www.amaragroup.net
- **Yandabo, Irrawaddy Princess** [C8]
  402 (B6) Shwe Kabar Housing
  25 Mindama St. | Yangon
  Tel. 01/65 52 28, 65 24 90
  www.yandabo.com
  www.irrawaddyprincess.com

Durch das Ayeyarwady-Delta

Aufgrund der verbesserten Straßenverhältnisse fahren die betagten IWT-Fähren immer seltener durch das Delta. Für genauere Abfahrtszeiten kontaktiert man das IWT-Büro in Yangon › S. 24. Wer kleinere Kanalfahrten bevorzugt, kann im Rahmen eines Tagesausflugs von Yangon nach Pyapon fahren. Infos:

- **Thiri Than Than Aye**
  Tel. 09/5079614
  thiritouristguide@gmail.com
- **Ei Thu Htut**
  Tel. 09/5139961
  eithuhtut@gmail.com

Auf dem Kaladan

Einen halben Tag benötigen die Boote auf dem Kaladan von Sittwe nach Mrauk U. Sie machen bereits die Anreise in die alte Arakan-Metropole zum Ereignis. Die Privatboote buchen Sie am Pier von Sittwe.

Betagte IWT-Fähre

Klima & Reisezeit

Ganz Myanmar liegt im Einzugsbereich der Monsune, was dem Land drei Jahreszeiten beschert: eine kühle, eine heiße und eine Regenzeit.

Die Temperaturen fallen aber aufgrund der erheblichen Höhenunterschiede und der großen Nord-Süd-Ausdehnung sehr unterschiedlich aus: Im tropischen Südzipfel ganzjährig gleichbleibend schwül-warm, sind sie im subtropischen Norden starken jahres- wie tageszeitlichen Schwankungen unterworfen. Beste Reisezeit ist der **birmanische Winter** von Oktober bis Februar, wenn der größte Teil des Landes trocken, mit angenehm warmen Tagen um 30 °C und kühlen Nächten gesegnet ist. In Mandalay und Bagan kann es nachts recht frisch werden und in den Höhenlagen des Shan-Staates nähern sich die Temperaturen dem Gefrierpunkt. Auf vielen Berggipfeln im hohen Norden liegt dann Schnee.

In der **heißen Jahreszeit** von März bis Anfang Mai klettert das Thermometer bei zunehmender Schwüle mancherorts auf stattliche 45 °C. Zwar bescheren die ab Mai einsetzenden und bis Oktober regelmäßig niedergehenden **Monsunregen** Abkühlung, doch bringen die zeitweise von schweren Winden begleiteten, heftigen Niederschläge das Meer in Aufruhr und das morbide Verkehrswesen zum Kollabieren. Die Regenmengen variieren dabei erheblich und reichen von weniger als 1000 mm pro Jahr in Zentral-Myanmar bis über 5000 mm entlang der Küste. Fazit: Die beste Reisezeit sind die Monate Oktober bis Anfang April, für Badeurlaub an der Westküste bis Anfang Mai.

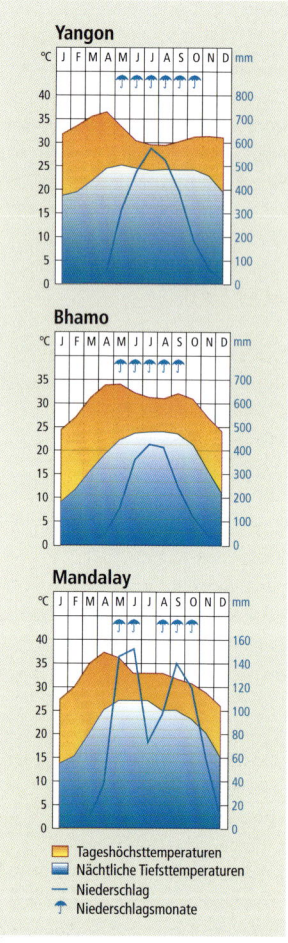

Anreise

Badespaß in Pathein

Mitte April feiern die Birmanen ausgiebig THINGYAN, ihr Neujahrsfest. Dann schließen sie ihre Geschäfte für eine Woche, Büros und Ämter sind mindestens vier Arbeitstage verwaist. Aufgrund der Hitze zieht es viele Birmanen nach Ngapali, Chaungtha und Ngwe Saung. In dieser Zeit müssen Sie daher mit ausgebuchten Quartieren, Flügen und Zügen rechnen.

Anreise

Fast alle Besucher reisen über den internationalen Mingaladon-Flughafen in Yangon ein. Direktflüge aus Europa gibt es keine.

Mit den Metropolen Südostasiens ist Myanmar gut vernetzt. Die Strecke Bangkok–Yangon wird von mehreren Fluglinien bedient, darunter Myanmar Airways International, MAI (www.maiair.com; 1–2 × tgl.), Thai Airways (www.thaiair.de; 2–3 × tgl.), Bangkok Airways (www.bangkokair.com; 2 × tgl.) und die Billigfluglinie Air Asia (www.airasia.com; 2–3 × tgl.). Es gibt zudem mit Air Asia, Bangkok Airways und Thai Airways tägliche Flugverbindungen zwischen Bangkok und Mandalay bzw. der Hauptstadt Nay Pyi Taw. Auch die nord-thailändische Metropole Chiang Mai wird mehrmals wöchentlich mit Yangon verbunden. Aus Singapur und Kuala Lumpur bestehen tgl. Verbindungen mit Silk Air (www.silkair.com), einer Tochtergesellschaft von Singapore Airlines, Myanmar Airways International und Malaysia Airlines (www.malaysiaairlines.com). Qatar Airways (www.qatarairways.com) ist mit Zwischenstopp in Doha eine weitere attraktive Flugoption zwischen Europa und Yangon. Eine Einreise auf dem Landweg ist aus China über die Grenzübergänge in Muse und Mong La möglich. Von Thailand aus kann man derzeit die Grenzübergänge Mae Sai/Tachilek im östlichen Shan-Staat, Myawaddy/Mae Sot und Htee Kee/Phunaron im Kachin-Staat sowie Ranong/Kawthoung im tiefen Süden benutzen.

Reisen im Land

Mit dem Flugzeug

Mehrere private Fluggesellschaften bedienen das Inlandsstreckennetz, darunter Air Bagan (www.airbagan.com), Air Mandalay (www.airmandalay.com), Asian Wings Airlines (www.asianwingsair.com), Air KBZ (www.airkbz.com), Golden Myanmar Airlines (www.gmairlines.com) und Yangon Airways (www.yangonair.com). Sie alle fliegen nach bedarfsorientierten Plänen die touristisch relevanten Destinationen des Landes an. In der Hochsaison zwischen Dezember und Februar ist frühes Buchen ratsam, etwa über Asia Trips (www.asiatrips.de) oder lokale Reiseveranstalter. Die staatliche Inlandsfluglinie Myanmar National Airlines (www.myanmaairways.aero) mit zunehmend guten Maschinen ist für weniger touristische Ziele relevant, aber bzgl. der Abflugzeiten nicht immer zuverlässig..

Mit der Eisenbahn

Die Züge sind so antiquiert wie die Trassen, und die Fahrpläne eher als Hoffnungsmanifeste zu verstehen, Bahnhöfe museal. Auf der Standardstrecke Mandalay–Yangon können Sie theoretisch in einem Schlafwagen 1. Klasse reisen, praktisch aber ist dieser meist auf Wochen ausgebucht und nicht unbedingt erstklassig. Die sanitären Anlagen in den Zügen sind übel.

Ist deshalb von einer Zugfahrt abzuraten? Im Gegenteil. Die Bahnen passen zu diesem Land wie die Pagoden auf den Hügelketten. Buchen Sie zur Sicherheit mindestens einen Tag im Voraus, nehmen Sie den Expresszug und fahren Sie generell Upper Class. Auf leicht klapprigen, aber verstellbaren Sitzen schaukeln Sie dann gemächlich durch das Land. Besonders schön ist die Strecke von Mandalay nach Lashio im Shan-Staat.

Öffentlicher Nahverkehr: Pick-up

Mit Bus und Mietfahrzeug

Busfahrten lohnen nur auf den Hauptstrecken. Auf einigen Routen verkehren moderne Fahrzeuge, dort ist der Bus wesentlich schneller als die Bahn. Sehr viele Straßen sind noch in miserablem Zustand, doch verbessert sich die Lage zusehends. Selbstfahren ist nicht erlaubt, Mietfahrzeuge verstehen sich daher einschließlich Fahrer; inkl. Sprit ist mit mindestens 60 US-$ pro Tag ist zu rechnen.

Öffentlicher Nahverkehr

Auf dem Land bestreiten die hier etwas übertrieben *sidecar* getauften zweisitzigen Fahrradrikschas den Nahverkehr, in abgelegenen Regionen zuweilen sogar noch Pferdekutschen. Vor allem in Yangon verkehren neue Wagen ostasiatischer Bauart mit gelbem Taxischild auf dem Dach. Bei allen drei Varianten müssen Sie den Fahrpreis vorher aushandeln. Im Nah- und Mittelstreckenverkehr sind umgebaute Trucks oder Pick-ups unterwegs – sie sind permanent überfüllt, halten auf Handzeichen und daher sehr oft, landen gern mal im Graben und sind überhaupt öfter kaputt.

Reisebeschränkungen: Zahlreiche Landesteile, vor allem entlang der Grenzen, sind gesperrt (off limits) oder können nur mit Erlaubnis (permit) besucht werden. Oft ist dafür die Buchung über einen lokalen Veranstalter notwendig. Die Gründe dafür sind unterschiedlich. Während in manchen Gebieten die Sicherheitslage äußerst angespannt ist, etwa entlang der thailändisch-myanmarischen Grenze oder in Teilen des östlichen Shan-Staates, befindet sich vielerorts die Infrastruktur in katastrophalem Zustand oder ist überhaupt nicht vorhanden. Das ist in weiten Teilen der Sagaing Division, im Kachin- und im Chin-Staat der Fall. Manche Orte sind für Touristen nur per Flugzeug oder Boot zu erreichen, etwa Putao im hohen Norden oder Dawei, Myeik und Kawthoung im tiefen Süden. Falls Sie spezielle Reisepläne haben, sollten Sie sich frühzeitig bei einer Agentur erkunden › S. 70, denn die Ausstellung der *permits* nimmt mindestens vier Wochen in Anspruch.

SEITENBLICK

Namenschaos

1989 beschloss die Regierung die Landkarten des Landes zu entkolonialisieren. Hier eine Liste der wichtigsten Änderungen:

Neu	Alt
Ayeyarwady	Irrawaddy (Fluss)
Bagan	Pagan
Bago	Pegu
Kayah	Karenni (Staat und Volksstamm)
Kayin	Karen (Staat und Volksstamm)
Kyaikkhami	Amherst
Mawlamyine	Moulmein
Myanmar	Birma, Burma
Myeik	Mergui
Pathein	Bassein
Pyay	Prome
Pyin U Lwin	May Myo
Rakhine	Arakan (Staat und Volksstamm)
Sittwe	Akyab
Tanintharyi	Tenasserim (Provinz und Gebirge)
Thandwe	Sandoway
Thanlwin	Salween (Fluss)
Yangon	Rangoon

SPECIAL

Mit Kindern unterwegs

Wenn Sie die lange Anreise nicht scheuen und den richtigen Mix von Kultur, Natur und Strand wählen, dann werden Sie und Ihre Kinder in Myanmar viel Spaß haben.

Die Einheimischen sind sehr familienfreundlich und hilfsbereit. Doch können lange Fahrten, das Gedränge in den staubigen Städten, das heiße Klima und die vielen Pagoden dem Nachwuchs auf die Laune schlagen. Einige feste Standorte anstelle von ständigem Ortswechsel, genügend Ruhepausen und ein bedächtigeres Reisen haben sich bewährt.

Bereits bei der Reiseplanung zu Hause und der Programmgestaltung vor Ort sollten die Kinder ein Wörtchen mitreden dürfen.

Vorbereitung und Anreise

Kinder müssen bis zur Vollendung des 12. Lebensjahres mit ihrem Kinderreisepass, danach mit Reisepass ein Visum beantragen. Vor Abreise sollten die Sprösslinge medizinisch untersucht und auch frühzeitig geimpft werden (www.fit-for-travel.de). Bei der Auswahl der Malariaprophylaxe ist die Dosierung auf Alter und Gewicht des Kindes abzustimmen (Arzt konsultieren). In Myanmar unbedingt auf saubere Nahrung und eine hygienische Umgebung achten sowie den Kontakt mit noch so niedlich dreinblickenden Tieren meiden. Kinder nur in Ausnahmefällen barfuß gehen lassen. Windeln sowie Babynahrung und Wechselwäsche für 1–2 Tage

Kinder bei einer Novizenzeremonie

gehören ins Handgepäck. Vor Ort sind Windeln und Babynahrung nur in Yangon und Mandalay erhältlich. Zur Eingewöhnung (Essen, Jetlag) empfiehlt sich für die ersten Tage ein ruhiges Hotel mit Pool und etwas Grünfläche zum Austoben.

Was Kindern gefällt

- **Marionettentheater:** In Mandalay und Bagan finden regelmäßig Vorführungen statt. Sie sind kurzweilig und lustig obendrein. Nähere Infos › S. 103.
- **Ausflug aufs Land:** Nirgends zeigt sich Myanmar so ursprünglich wie auf dem Land. Bequem zu erreichen sind die urigen Dörfer bei Bagan (gut gegen Tempelkoller!) oder rund um den Inle-See. Für Jung und Alt sind natürlich die Märkte der Minderheiten besonders interessant. Hier bietet der südliche Shan-Staat eine große Auswahl › S. 114.
- **Bootsfahrten auf dem Inle-See:** Auf dem flachen Gewässer wird es kaum eintönig. Schwimmende Märkte, fischende Einbeinruderer, paddelnde Novizen, geschäftige Werkstätten und das Alltagsleben in den Dörfern bieten genügend Abwechslung. Und wenn Hunger und Durst plagen, ist ein Restaurant nicht weit › S. 116.
- **Mit der Kutsche durch Bagan:** Der Nachwuchs wird die Tempelbegeisterung der Eltern wahrscheinlich nicht teilen. Viel spannender ist da eine Fahrt mit der Pferdekutsche über Stock und Stein – denn viele Wege sind mit dem Auto nicht befahrbar.
- **Mit dem Circular Train:** Die Yangoner Ringbahn verbindet die wichtigsten Stadtteile und verkehrt in drei Stunden einmal rund um die Metropole. Je nach Lust und Laune kann man zusteigen und eine Weile das Alltagsleben in den Abteilen beobachten.
- **Jahrmarkt auf Tempelfesten:** Auf den vielen Jahresfesten der Pagoden locken Karussells und Schießbuden. Da kann der Sprössling gleich mitmischen und Eindruck schinden. Die wichtigsten Feste finden Sie auf › S. 48.

Checkliste für die Kleinen

- Kinderreisepass
- Impfpass
- SOS-Anhänger mit allen wichtigen Daten
- Wegwerfwindeln und Babynahrung für die ersten Tage
- CDs/MP3s mit Geschichten
- Fotos von wichtigen Daheimgebliebenen gegen Heimweh

Marionette im Prachtgewand

Sport & Aktivitäten

Das *Chinlon* ist der populärste Sport in Myanmar. Zwei Teams treiben sich einen Rattanball ohne Handberührung über ein Netz zu oder spielen zusammen im Kreis. Ehe Sie es sich versehen, sind Sie mit von der Partie.

Golf

Bevorzugter Zeitvertreib besternter Achselklappenträger und asiatischer Geschäftsleute ist das Golfspiel. Etliche Golfklubs begrüßen Gastspieler, darunter der 1909 gegründete **Yangon Golf Club**, der **Pun Hlaing Golf Club** (beide Yangon) und der **Ye Dagon Taung Golf Club** nördlich von Mandalay. Im **Pyin Oo Lwin Golf Club** bei Pyin U Lwin können Sie zu Schnäppchenpreisen den Schläger schwingen (ab 16 US-$). Nähere Infos erhalten Sie über die örtlichen Reiseveranstalter, die Hotels oder die Büros von MTT › S. 152.

Wassersport

Die Strände von Ngapali, Chaungtha und Ngwe Saung bieten sich für Wassersport an. In einigen Hotels können Sie dort Boote und Surfbretter ausleihen. Ihre Schnorchelausrüstung bringen Sie besser selbst mit. Von Kawthoung und Myeik an der Südspitze Myanmars starten Tauchfahrten zum Myeik-Archipel. Aufgrund der Nähe der Inselwelt zu Thailand bieten hier Tauchschulen aus dem Nachbarland mehrtägige Fahrten durch die Inselwelt an › S. 83.

Wandern

Bergwanderer finden reizvolle Möglichkeiten. Das Militär ziert sich zwar noch, manche Regionen generell für Ausländer zu öffnen, organisierte Exkursionen sind jedoch möglich, z. T. mit Kanufahrten und Elefantenritten. Das gilt vor allem für längere Trekkingtouren in die Berge des Kachin-Staates und im Chin-Staat. Etabliert sind Wanderungen rund um den Mount Victoria und im Shan-Staat. Letzterer lässt sich etwa bei Trekkingtouren zwischen Kalaw und Pindaya bzw.

! Erstklassig

Die besten Strände

- **Setse** wartet noch darauf, entdeckt zu werden. › S. 81
- **Maungmagan**, ein nicht enden wollendes Band von Palmen und Sand, ist ebenfalls noch unentdeckt. › S. 81
- **Chaungtha** ist mit günstigen Unterkünften und guten Seafood-Lokalen der Favorit der Einheimischen. › S. 136
- **Ngwe Saung** zählt zu Myanmars schönsten Stränden. › S. 137
- **Ngapali** am Golf von Bengalen ist am bekanntesten und hat eine Reihe schöner Resorts. › S. 144
- **Kanthayar** [B8] ist eine exzellente Stranddestination, es fehlen allein schöne Hotels.

dem Inle-See sowie rund um Hsipaw erkunden.

Meditationskurse

International bekannte buddhistische Lehrer machen Myanmar zu einer der ersten Adressen für Meditationsinteressenten. Die meist englischsprachigen Kurse dauern mindestens zehn Tage und erfordern eine enorme Disziplin. Für Anfänger ist dies nicht geeignet. Bei längeren Aufenthalten kann ein Sondervisum beantragt werden.

Unterkunft

Myanmar steckt vielerorts touristisch noch in den Kinderschuhen, weshalb Service und Fremdsprachenkenntnisse oft mangelhaft sind. Mit Freundlichkeit und Geduld kommen Sie aber überall weiter.

Hotels und Gästehäuser

Der gegenwärtige Besucheransturm führt in der Hochsaison zu einer extremen Bettenknappheit, vor allem in den Touristenzentren. Man sollte daher unbedingt frühzeitig reservieren und mit zuweilen ziemlich überzogenen Übernachtungspreisen rechnen (vor allem in Yangon). Trotz kräftigen Bauens wird dieser Zustand wohl noch einige Zeit andauern. Unterm Strich bietet Myanmar in den größeren Städten ordentliche Unterkünfte – allerdings verhindert die erbärmliche Stromversorgung mancherorts, dass die Gäste Annehmlichkeiten wie Klimaanlage oder Satelliten-TV auch uneingeschränkt nutzen können. Diese Abstriche beim Komfort werden jedoch durch ein Personal wettgemacht, das trotz mancher Unerfahrenheit fast überall einen guten Service bietet. Alle Unterkünfte bedürfen zur Aufnahme ausländischer Gäste einer Lizenz. Deren Erteilung steht jedoch in keinerlei ersichtlichem Zusammenhang mit irgendwelchen Ausstattungsmerkmalen.

> **Erstklassig**
>
> ### Wohnen mit Stil
>
> - Nur wenige Hotels von Bagan bieten einen so schönen Blick wie das **Bagan Thande Hotel**. › S. 97
> - In Kalaw hat das **Amara Mountain Resort** den Charme einer kolonialen Residenz. › **S. 113**
> - Die Volkgruppe der Pa-O führt auf dem Inle-See das **Golden Island Cottages 1 und 2**. › S. 119
> - Das **Putao Trekking House** ist Startpunkt schöner Touren zu den Ausläufern des Himalaya › S. 128
> - Das **Palm Beach Resort** ist eine sympathische Strandunterkunft in Ngwe Saung. › S. 137
> - Das **Sandoway Resort** am Ngapali Beach ist eine der ersten Adressen des Landes. › S. 144

Kinder werden in Klöstern in der buddhistischen Lehre unterwiesen

LAND & LEUTE

Steckbrief

- **Einwohner:** 51,5 Mio.
- **Stadt-/Landbevölkerung:** 30 % / 70 %
- **Bevölkerungswachstum/Jahr:** 0,9 %
- **Lebenserwartung:** Frauen 70, Männer 64 Jahre
- **Analphabetenrate:** Frauen 13 %, Männer 7 %
- **Fläche:** 676 577 km²
- **Hauptstadt:** Nay Pyi Taw
- **Amtssprache:** Birmanisch
- **Landesvorwahl:** 0095
- **Währung:** Kyat
- **Zeitzone:** MEZ +5½ Std. (MESZ +4½ Std.)

Lage

Die »Union von Myanmar« ist fast doppelt so groß wie Deutschland und erstreckt sich über 2050 km von Nord nach Süd (28°–10° nördlicher Breite) sowie über 935 km von Ost nach West (101°–92° östlicher Länge). Von Norden ausgehend im Uhrzeigersinn grenzt Myanmar an China, Laos, Thailand, auf über 2200 km außerdem an die Andamanensee und den Golf von Bengalen. Im Nordosten verläuft die Grenze zu Bangladesh und zum überwiegenden Teil zu Indien.

Politik und Verwaltung

Seit den Wahlen im November 2010 beginnen sich in Myanmar langsam demokratische Strukturen zu bilden. Gemäß der Verfassung von 2008 besteht die politische Vertretung neben 14 Regionalparlamenten aus einer Nationalitätenkammer und einem Abgeordnetenhaus. Dem Militär sind ein Viertel aller Sitze reserviert. Angeführt wird die alle fünf Jahre gewählte Regierung von einem Präsidenten.

Das Land ist aufgeteilt in sieben überwiegend von Bamar bewohnte Provinzen (*divisions*) – Ayeyarwady, Bago, Magwe, Mandalay, Sagaing, Tanintharyi und Yangon – sowie in sieben mehrheitlich von den gleichnamigen Minoritäten bewohnte Staaten (*states*) – Chin, Kachin, Kayah, Kayin, Mon, Rakhine und Shan.

Durch Konzessionsbereitschaft gelang es dem Militär, die meisten Volksgruppen zu Waffenstillstandsabkommen zu bewegen. Damit wird fast dem gesamten Land wenigstens eine rudimentäre Verwaltung zuteil.

Wirtschaft

Die bis 1989 komplett unter staatlicher Kontrolle betriebene Wirtschaft führte zu einem unvorstellbaren Mangel an Konsumgütern.

Nach Einführung einer Marktwirtschaft 1989 steht die Geschäftswelt grundsätzlich jedem offen. Durch Korruption und Vetternwirtschaft fallen die besten Optionen jedoch meist an Militärs oder deren Familien. Die politische Öffnung und das Ende westlicher Sanktionen führen seit 2012 zu einem eindrucksvollen Wirtschaftsboom, vor allem im Bausektor. Ausländische Investitionen nehmen rapide zu.

Naturschätze, darunter Erdgas, Edelsteine, Meeresfrüchte und Teakholz, Agrarprodukte sowie der Tourismus sind die wichtigsten Devisenquellen. Die natürlichen Ressourcen gelten als reich. Auch der Tourismus soll sich zu einem wesentlichen und profitablen Wirtschaftszweig entwickeln. Entwicklung ist nötig, denn mit einem durchschnittlichen Pro-Kopf-Einkommen von rund 1270 US-$ im Jahr zählen die Birmanen zu den ärmsten Völkern Asiens.

Sprache und Schrift

Birmanisch gehört zur großen Familie der sino-tibetischen Sprachen, mit denen es folgende Charakteristika gemein hat: Jede Silbe ergibt ein Wort, alle Wörter sind unveränderlich und erhalten ihre Funktion im Satz nur durch die Wortstellung, auf jeder Silbe liegt ein Ton. Das Birmanische verfügt über drei solcher Töne, ohne deren korrekte Aussprache die Silben keinen eindeutigen Sinn erhalten. Das Alphabet besteht aus 32 Konsonanten, sieben Vokalen und einigen Diphthongen, die den Laien wie eine Folge von Kringeln und Kreisen anmuten.

Insgesamt werden für Myanmar 240 verschiedene Sprachen und Dialekte angenommen, wundern Sie sich daher nicht über Verständigungsschwierigkeiten der 135 offiziell genannten Volksgruppen untereinander. Ein häufiges Problem für Ausländer ist die Schreibweise: Bei uns werden die meisten Wörter getrennt geschrieben, im Birmanischen jedoch immer zusammen. Schreibt man sie auf Lateinisch ebenfalls zusammen, ist für Ausländer die Silbengrenze nicht mehr erkennbar. Bei Transkriptionen werden die Wörter daher meist getrennt oder mit Bindestrichen geschrieben. Ein einheitliches Verfahren gibt es jedoch nicht.

Eine Frau der »Silber-Palaung« beim Reisdreschen

Geschichte im Überblick

1.–8. Jh. n. Chr. Besiedlung des Landes durch die Pyu am Ayeyarwady und die Mon an der Küste.
9. Jh. Einwanderung von Tai-Gruppen. Etwa zur gleichen Zeit siedeln die ersten Bamar am Oberlauf des Ayeyarwady.
849 Gründung des ersten birmanischen Reiches mit der Hauptstadt Bagan, dessen Blüte 1044 mit der Thronbesteigung von König Anawrahta beginnt.
1057 Die Bamar erobern das Mon-Königreich Thaton und nehmen den Buddhismus von diesen an.
1287 Bagan wird von den Mongolen unter Kublai Khan erobert, das birmanische Großreich zerfällt. Die Mon gründen wieder einen eigenen Staat, zu dessen Hauptstadt 1369 Bago ausgerufen wird.
1364 Inwa wird Hauptstadt eines neuen nordbirmanischen Königreiches.
15./16. Jh. Birma ist in verschiedene Königreiche zerfallen: Inwa, Bago, Taungoo, Rakhine.
1519 Die Portugiesen schließen Handelsabkommen mit dem Mon-Reich Bago.
1546 Tabinshwehti wird nach 15-jährigen erfolgreichen Feldzügen in Bago zum König eines wiedervereinten Birma ausgerufen.
1581 Beim Tode König Bayinnaungs ist das birmanische Reich auf dem Höhepunkt seiner Macht angelangt und umfasst neben Nord- und Zentral-Birma auch die Fürstentümer der Shan und das Lanna-Reich im heutigen Nordthailand.
1600 Nach geschickten Intrigen lässt sich der portugiesische Freibeuter Philip de Brito zum König Niederbirmas ausrufen. 13 Jahre später wird seine Festung gestürmt und Philip gepfählt.
1627 Briten und Holländer gründen Handelsniederlassungen.
1635 Beginn des Niedergangs des birmanischen Reiches unter König Thalun. Er verlegt die Hauptstadt von Bago nach Inwa und leitet mit der Aufgabe der Küstenregion die birmanische Isolierung ein. Im Norden rebellieren die Shan, im Süden gründen die Mon erneut ein eigenes Reich.
1752 Die rebellierenden Mon zerstören Inwa. König Alaungpaya, der Gründer der letzten birmanischen Herrscherdynastie, leitet zwei Jahre darauf mit einer Reihe blutiger Kriege die Wiedervereinigung des Reiches ein.
1757 Yangon wird gegründet.
1767 Den Birmanen gelingt die Zerstörung von Ayutthaya, der mächtigen Hauptstadt ihres Erzfeindes Thailand.
1824–1826 Es kommt zum ersten anglo-birmanischen Krieg, in dessen Folge Rakhine und Taninthayri an die Briten fällt.
1852 Zweiter anglo-birmanischer Krieg; ganz Niederbirma gerät unter britische Kontrolle.
1885–1886 Der dritte anglo-birmanische Krieg macht aus

Myanmar einen Teil Britisch-Indiens. In der Folgezeit kommt es zu zahlreichen Aufständen gegen die Kolonialmacht, die alle blutig niedergeschlagen werden.

1942 Die japanische Armee besetzt das Land und verdrängt die Briten. Nach für beide Seiten äußerst verlustreichen Kämpfen geben die Briten nach der Kapitulation Japans 1945 nur noch ein kurzes Zwischenspiel.

1947 Der Unabhängigkeitskämpfer Aung San entwirft eine neue Verfassung und unterzeichnet mit Vertretern der Minderheiten das Panglong-Abkommen. Die geplante Union of Burma erlebt er nicht mehr. Erst 32 Jahre alt, wird er am 19. Juli 1947 Opfer eines Attentats.

4.1.1948 Myanmar wird unabhängig, ohne jedoch politische Stabilität zu gewinnen. Ein Jahr später toben Kämpfe zwischen Regierungstruppen und aufständischen Minoritäten bereits in den Vorstädten Yangons.

1954–1956 Sechste Große Buddhistische Synode in Yangon.

1958 Die Zivilregierung U Nu übergibt wegen der unruhigen Lage im Land die Staatsgeschäfte an den Verteidigungsminister General Ne Win. 1960 finden Wahlen statt.

2.3.1962 Ne Win putscht sich an die Macht zurück. Bis zu seinem Rückzug im Jahr 1981 herrscht er autokratisch und treibt das Land in immer größere Isolation und Armut. Hinter den Kulissen bestimmt er die Politik aber weiterhin.

1988 Durch brutale Unterdrückung und katastrophale Lebensverhältnisse verursachte pro-demokratische Proteste werden blutig vom Militär niedergeschlagen, das unter dem Kürzel SLORC (State Law and Order Restoration Council) die Macht weiterhin behält.

1989 Der SLORC stellt die Oppositionsführerin Aung San Suu Kyi unter Hausarrest.

1990 Die Militärs erleiden bei freien Wahlen eine vernichtende Niederlage gegen die Hoffnungsträgerin des Volkes, Aung San Suu Kyi. Die Militärs weigern sich zwar, die Macht abzugeben, beginnen aber mit einem Prozess wirtschaftlicher Reformen.

1991 Aung San Suu Kyi erhält für ihren hartnäckigen Widerstand gegen die Militärs den Friedensnobelpreis.

1997 Myanmar wird Mitglied der Gemeinschaft südostasiatischer Staaten (ASEAN). Die Regierung benennt sich in State Peace and Development Council (SPDC) um.

2002–2004 Ne Win stirbt 2002, seine Familie wird verhaftet. Der Premierminister und Geheimdienstchef Khin Nyunt wird zusammen mit seinem Apparat, der Military Intelligence (MI), entmachtet.

2006–2007 Nay Pyi Taw wird zur neuen Hauptstadt ausgerufen. Im September 2007 kommt es zu Massendemonstrationen buddhistischer Mönche, die nach kurzer Zeit blutig niedergeschlagen werden.

2008 Zyklon Nargis fegt über das Delta hinweg und reißt 140 000 Menschen in den Tod.

Geschichte im Überblick

2010 Bei den Wahlen am 7. November treten über 40 Parteien an. Erwartungsgemäß siegt die vom Militär gegründete Union Solidarity and Development Party (USDP) mit 76,5 %.
2011 Präsident Thein Sein überrascht durch eine Politik der Öffnung. Die Zensur wird gelockert, politische Gefangene freigelassen und ein Staudamm-Projekt gestoppt.
2012 Bei Nachwahlen tritt auch die National League for Democracy (NLD) an. Aung San Suu Kyi wird ins Parlament gewählt.
2015 Das Land erlebt einen Wirtschaftsboom. Zunehmend Konflikte um Landrechte. Am Jahresende finden Neuwahlen statt.

SEITENBLICK

Birmanischer Frühling

Die Parlamentswahlen vom 7. November 2010 waren höchst umstritten. Von Aung San Suu Kyis National League for Democracy (NLD) boykottiert und von zahlreichen Betrügereien begleitet, siegte die vom Militär gegründete Union Solidarity and Development Party (USDP) haushoch mit 76,5 % der abgegebenen Stimmen. Die National Democratic Force (NDF), eine Absplitterung der NLD, erlangte gerade einmal 3,64 %. Wie zu erwarten wurde General Thein Sein, bis zur Wahl vier Jahre lang Premier unter dem Militärregime, am 4. Februar 2011 zum Präsidenten gewählt.

»Alte Köpfe, neue Kleider« schien die Devise zu sein. Von der neuen Führung wurde kaum eine Änderung erwartet. Doch es kam anders. Kaum im Amt, leitete Thein Sein eine umfassende Reformpolitik ein. Er hob die Zensur auf, ließ politische Gefangene frei und stoppte ein umstrittenes Staudammprojekt im Kachin-Staat. Westliche Staaten haben dem Land Unterstützung zugesichert, falls die Reformbemühungen ernsthaft weiterverfolgt werden.

Dazu gehört die Beendung der Kriege gegen die Minderheiten. Denn seit der Unabhängigkeit am 4. Januar 1948 gelang es keiner Regierung Myanmars, den Vielvölkerstaat mit offiziell 135 Volksgruppen friedlich zu regieren. Zwar gestand der Anführer der Unabhängigkeitsbewegung, General Aung San, den Minderheiten im Panglong-Abkommen vom 12. Februar 1947 weitreichende Autonomien zu. Doch das tödliche Attentat auf ihn wenige Monate später machte die Vereinbarung zur Makulatur. Schon bald griffen immer mehr Minderheiten zu den Waffen, um für einen eigenen Staat zu kämpfen. Folge davon war, dass die junge Demokratie unter Premier U Nu immer stärker in Bedrängnis geriet. Als General Ne Win sich am 2. März 1962 an die Macht putschte, vermochten weder er noch seine Nachfolger auf militärischem Wege eine Lösung zu erzwingen. Erst die Waffenstillstandsverhandlungen seit den 1990er-Jahren konnten das Land etwas befrieden. Nachdem Aung San Suu Kyi durch eine Nachwahl ins Parlament gezogen ist, stehen die Chancen gut, dass das Land nun endlich zu seinem inneren Frieden findet.

Natur & Umwelt

Wegen der erheblichen Nord-Süd-Ausdehnung und der Höhenunterschiede an den Hängen des Himalaya findet man ein gewaltiges Spektrum an Vegetationsformen: alpine Nadelwälder, hoch gelegene Mischwälder, subtropische Monsunwälder sowie immergrünen Regenwald.

Ungefähr 40 % des Landes werden von Primärwäldern bedeckt, in denen nach Schätzungen zwei Drittel der Weltbestände an Teakholz stehen. Zusammen mit China verzeichnet Myanmar die größte Vielfalt an Bambus. Zahlreiche Blumenarten sind endemisch, darunter viele Orchideen.

In diesem Habitat lebt ein erheblicher Teil der asiatischen Tierwelt. Wilde Elefanten streunen vor allem durch die noch waldreichen Berge im Norden und Westen des Landes – mit über 5000 Arbeitselefanten hält Myanmar den Rekord bei der Zähmung dieses größten aller Landsäuger. Tiger, Leoparden, Nashörner, verschiedene Bärenarten, Wildrinder, eine reiche Affenpopulation, Korallenfische, Meeresschildkröten – alles noch vorhanden. Die erbärmliche Infrastruktur, der fortgesetzte Bürgerkrieg, die unterentwickelte Industrie – was der Menschen Fluch, ist für die Natur ein Segen. Die Forschung aber steckt noch in den Kinderschuhen.

Die Menschen

60 Prozent der 51,5 Mio. Einwohner Myanmars sind Bamar, der Rest entfällt auf zahlreiche Minderheiten.

Für Touristen scheinen sich die meisten ethnischen Gruppen im Alltag in nichts von den Bamar zu unterscheiden, doch der Eindruck täuscht. Allein die Chin, mit etwa 1 Mio. Menschen über ein weites Gebiet entlang der indischen Grenze verteilt, sprechen 40 verschiedene Dialekte.

Entrechtete Minderheiten

In einer langen Welle von Wanderungen und Kriegen, die bis in die Gegenwart reichen, haben es die Bamar über die Jahrhunderte geschafft, die anderen Volksstämme zu besiegen, zu verdrängen oder gar auszulöschen. Eines der Hauptprobleme besteht heute in der mangelhaften Integration religiöser und ethnischer Minderheiten. Im Staatsapparat generell unterrepräsentiert, werden einige wegen der Schaukelpolitik der Regierung hofiert, andere jedoch völlig vernachlässigt. Die sich aus dieser Politik ergebenden Konflikte führen immer wieder zu gewaltsamen Auseinandersetzungen, besonders

Die Menschen

Eine junge Palaung

betroffen davon sind die Randgebiete › **S. 29**, Reisebeschränkungen.

Viele Völker, viele Farben

Ein ganzes Lebenswerk bedürfte es für einen Wissenschaftler, die vielen verschiedenen Volksgruppen gerecht zu würdigen. Die Hauptgruppen sollten Sie jedoch kennen, denn ohne dieses Wissen ist ein Verständnis des Reiselandes nicht möglich. Je nach Glück und Reiseverlauf werden Ihnen auch Mitglieder kleinerer Volksgruppen begegnen: die Pa-O mit ihren bunten Kopfbedeckungen rund um den Inle-See, Giraffenhalsfrauen der Padaung, die Seenomaden des Myeik-Archipels oder die fantasievoll gekleideten Bergbauernstämme des Goldenen Dreiecks. Begegnen Sie ihnen mit der gleichen Toleranz, dem gleichen Respekt und der gleichen Freundlichkeit, wie sie Ihnen auch entgegengebracht wird. Und vielleicht möchten Sie auch das eine oder andere Zeichen setzen: Weigern Sie sich, die teilweise unter Zwang angekarrten Mitglieder der Minderheiten in regelrechten Menschenzoos abzulichten.

Buchtipp:
Ein Klassiker für Myanmar ist der Roman **Tage in Burma** von George Orwell (Diogenes Verlag, Zürich 2003). Ebenfalls eine schöne Lektüre ist **Der Glaspalast** von Amitav Ghosh (btb, München 2002).

Glaubenswelten

Vier von fünf Bewohnern Myanmars sind Theravada-Buddhisten. Theravada ist die älteste Schultradition im Buddhismus, die auf den frühesten Lehren des Buddhas beruht.

Dieser ist kein Gott – im Buddhismus gibt es, anders als Christentum oder Islam, keinen Schöpfergott – sondern ein »Erwachter« (aus dem Sanskrit: *Buddha* = erwachen). Die Buddhastatuen, mit denen das Land übersät ist, dienen der tiefen Verehrung des Gründers dieser Weltreligion und der Erinnerung daran, dass man nur durch eigene Anstrengung, Mitgefühl und

Glaubenswelten

Selbsterkenntnis die in einem selbst vorhandenen Potenziale entfalten kann, um mit erwachtem Geist den unendlichen und (wunschlos) glücklichen Zustand des Nirwana zu erreichen.

Der Weg des Buddha

Siddhartha Gautama, Sohn des Herrschers von Kapilavashtu im Norden Indiens, geriet nach einer behüteten Jugend bei der ersten Begegnung mit Krankheit, Siechtum, Alter und Tod in eine Sinnkrise. Die in seiner Heimat verbreiteten Hindukulte schienen ihm auf die wichtigen Fragen des Lebens keine Antwort zu geben, so dass er sich selbst auf eine jahrelange Suche begab. Unter einem Bodhi-Baum meditierend, erlangte er schließlich die Erleuchtung, die eine Weltreligion begründete: Er erkannte einen ursächlichen Zusammenhang zwischen Begehren und Leiden, zwischen Geburt und Tod (Vergänglichkeit). Was geboren wird, wird vergehen, Geburt, Alter, Krankheit und Tod sind leidvoll. Jedes Verlangen, das von Begierde und falschen Vorstellungen über die Beständigkeit der Dinge getrieben ist, führt zu Leid und zur Wiederholung des Kreislaufs von Wiedergeburten von Leben und Leiden.

Der Weg zum Nirwana

Das Rezept gegen diese Sinnlosigkeit fand der von seinen Schülern hinfort als Buddha (»Der Erleuchtete«) Bezeichnete in dem »edlen achtfachen Pfad«, einem Gerüst von Verhaltensregeln, das sittliches Verhalten, Meditation sowie Streben nach Wissen einschließt. Der Pfad mündet in vollständigem Freisein von irdischen Gelüsten, die Buddha alsbald einen endgültigen Tod ohne weitere Wiedergeburt und damit verbundenem neuem Leid bescherte:

Kindlicher Spaß beim Almosengang: buddhistische Novizinnen

Glaubenswelten

Andachtsstelle für Merkur

das Nirwana. In Konsequenz seiner Theorie von der Vergänglichkeit alles Bestehenden nahm Buddha auch den Untergang und die zyklische Wiedererstehung seiner eigenen Lehre an. Der gängigen Lehrmeinung zufolge war Gautama nicht der erste Buddha und wird auch nicht der letzte sein.

Theravada-Buddhismus im Alltag

Die vollständige Durchdringung der buddhistischen Lehre ist für die meisten Menschen zu schwierig. Im Alltag reduziert sie sich daher auf einige wenige Regeln: nicht töten, nicht stehlen, nicht ehebrechen, nicht lügen und keine berauschenden Mittel zu sich nehmen.

Da der Buddhismus eine unsterbliche Seele verneint, hat auch seine Wiedergeburtsidee nichts mit unserer Vorstellung von Seelenwanderung zu

SEITENBLICK

Horoskop und Wochentage

Richtung	Wochentag	Planeten	Tiersymbol	Charakter
Süden	Mittwoch (0–12 Uhr)	Merkur	Elefant mit Stoßzähnen	reizbar
Südwesten	Samstag	Saturn	Naga (Kobra)	streitlustig
Westen	Donnerstag	Jupiter	Ratte	sanft
Nordwesten	Mittwoch (12–24 Uhr)	Rahu	Elefant ohne Stoßzähne	cholerisch
Norden	Freitag	Venus	Maulwurf	redelustig
Nordosten	Sonntag	Sonne	Galon-Vogel	geizig
Osten	Montag	Mond	Tiger	eifersüchtig
Südosten	Dienstag	Mars	Löwe	ehrlich

tun. Wiedergeboren wird gleichermaßen nur der Saldo aus guten und schlechten Taten *(karma)* der erloschenen Existenz. Jedes Leben beginnt also nicht mit einer alten Seele, sondern mit einem neuen Kontostand, den es zu verbessern gilt. Das motiviert die meisten Buddhisten, Schlechtes zu unterlassen und stattdessen Gutes zu tun. Eine gute Möglichkeit, Verdienst zu erwerben, sind beispielsweise Spenden an Pagoden oder Mönche, die also nicht etwa betteln, sondern dem Gläubigen mit der Annahme der Gaben helfen, sein Karma zu verbessern.

Die Unterwerfung unter die zahlreichen Mönchsregeln, darunter die sexuelle Enthaltsamkeit und der Verzicht auf Nahrungsaufnahme nach der Mittagsglocke, gilt als besonders wertvoll für das Karma. Von Männern wird erwartet, dass sie zweimal in ihrem Leben für eine gewisse Zeit ins Kloster gehen: vor dem zwanzigsten Lebensjahr als Novize, später als Mönch.

Astrologie
Die meisten Birmanen glauben fest an ihr tradiertes astrologisches System, das die Woche in acht Tage teilt, wobei der Mittwoch zweigeteilt ist. Den Wochentagen sind Himmelsrichtungen, Planeten sowie Tiere zugeordnet. Der in diesem System enthaltene Planet Rahu, verantwortlich für Sonnenfinsternisse, entspringt ebenso der Mythologie wie der Garuda-Vogel (birm. *galon*). Sie werden dieses System rund um die Stupas vieler Pagoden wiederfinden.

Kunst, Kultur & Kunsthandwerk

Alte wie neue Reiseberichte verwenden im Zusammenhang mit Myanmar unentwegt das Prädikat »golden«.

Der Grund dafür liegt nicht in der Einfallslosigkeit der Schreiber, sondern in der beinahe manischen Liebe der Einheimischen zu diesem Metall wie auch dem dafür verwendeten Wort: *Shwe*. Kaum etwas, das sich nicht irgendwie mit Shwe betiteln ließe, vor allem natürlich Pagoden. Aber auch als Namensbestandteil für Menschen ist Shwe ebenso beliebt wie für x-beliebige Firmen oder Produkte. Shwe Fisch, Shwe Gießkanne – alles Shwe.

Sakralkunst
Die alten Hauptkulturen des Landes, die Mon, die Shan, die Rakhine, die Bamar sowie die im 9. Jh. untergegangenen Pyu, haben sich gegenseitig tiefgreifend in ihrer Architektur und Sakralkunst beeinflusst. Sie alle wiederum waren vermutlich von noch älteren indischen Vorbildern geprägt. Doch die

alten Städte der Mon und der Rakhine sind fast völlig zerstört, das bedeutendste Zeugnis der Pyu ist Sri Ksetra › **S. 88**, die Shan haben mit kurzlebigem Holz gebaut, und Bagan, das zuverlässig ab 849 datierte monumentale Werk der Bamar, mag bereits auf fremde Vorbilder zurückgreifen.

Stupas
Stupas (in Myanmar *zedis* genannt) wurden in verschiedenen Formen zur Verehrung Buddhas und zur Aufbewahrung von Reliquien errichtet. Auf der quadratischen Basis mit drei oder mehr Terrassen steht ein kuppelförmiger *anda*. An der Spitze des Zedi befindet sich der *hti* (Schirm), meist vergoldet und mit Edelsteinen besetzt. Die Kugel an seinem Ende symbolisiert die Erleuchtung.

Symbolik
Die Verschmelzung buddhistischer und hinduistischer Symbole, die Sie überall finden, sind sehr interessant: Naga, die Schlange, steht für Wohlstand; der einer Gans ähnelnde Hamsa-Vogel *(hintha)* für Einheit; der einem Adler gleichende Garuda *(galon)* für Stärke; Männer *(kinnari)* und Frauen *(kinnara)* mit dem Unterleib von Vögeln für Liebe. Die Chinthe-Löwen, vor allem als Wächter an Tempelportalen zu finden, symbolisieren Mut; die Manote-thiha, Löwen mit Menschengesicht, Sicherheit.

Die Mudras
Von Bedeutung sind auch Position *(asana)* und Handstellung *(mudra)* der Buddhafiguren: sitzend, stehend und schreitend für den aktiven Buddha, liegend für den ins Nirwana übergehenden.
- Linke Hand im Schoß, rechte über dem Knie, den Boden berührend: der Versuchung widerstehend.
- Beide Hände übereinander im Schoß liegend: meditierend.
- Daumen und Zeigefinger zu einem Kreis geschlossen: lehrend.
- Eine oder beide Handflächen frontal auf den Betrachter gerichtet: beschwichtigend.
- Linke Hand im Schoß, die rechte geöffnete Handfläche nach unten weisend: (buddhistische Weisheit) anbietend.

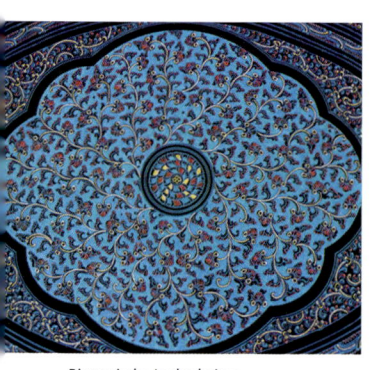

Birmanische Lackarbeiten sind wunderbare Souvenirs

Kunsthandwerk
Traditionell werden als die »zehn Blumen« folgende Handwerksküns-

te unterschieden: Gold- und Silberschmiede, Eisenschmiede, Buntmetallguss, Holzschnitzerei, Malerei, Stukkatur, Tischler-, Lathe- (Skulpturen) sowie Lackarbeiten. Bei letzteren haben es die Birmanen zu unübertroffener Meisterschaft gebracht › **S. 53, Special.** Der Weberei gebührt vielleicht der Spitzenplatz im heutigen Schaffen der Kunsthandwerker. Anders als in allen anderen asiatischen Ländern haben sich die traditionellen Trachten in Birma erhalten.

Tanz, Theater und Musik

Diese drei Kunstsparten haben ihren gemeinsamen Ursprung wohl in der Nat-Verehrung aus vorbuddhistischer Zeit und sollen deshalb gemeinsam behandelt werden. Ihren Höhepunkt erreichten die darstellenden Künste während der letzten Dynastie.

Immer dabei ist ein 7- bis 10-köpfiges Orchester. Die für unsere Ohren teilweise falsch klingende, weil nicht temperierte und sehr wiederholungsreiche Musik wird von etlichen Schlaginstrumenten bestimmt. Die Melodieführung obliegt asiatischen Verwandten unserer Violinen, Harfen, Flöten, Lauten und Oboen. Besonders markant sind kreisförmig aufgestellte Trommeln und Gongs.

Tanzformen

Die Tanzdarbietungen verfügen über ein Stilspektrum, das von ekstatischen Bewegungen der Nat-Tänzer bis hin zu streng formalen, höfisch-eleganten Ballettformen in kostbaren Roben reicht, wie sie auch von Thailand oder Kambodscha bekannt sind. An die 2000 festgelegte Figuren sind erfasst, von denen einige auf das vermutlich ältere Marionettentheater zurückgehen. Die Themen sind meist dem indischen Epos Ramayana entnommen oder den *jatakas,* Szenen aus den früheren Leben Buddhas.

Hintergründiges Theater

Während Yangon, Mandalay und Bagan Tanzdarbietungen für Touristen institutionalisiert haben, müssen Sie sich für eine gute Vorstellung des populären Theaters einen Platz auf einem öffentlichen Fest erkämpfen. Vor allem aus seiner komödiantischen oder gar vulgären Variante spricht hier Volkes Seele. Offene Kritik an den Verhältnissen wird satirisch und mit äußerster Hintergründigkeit betrieben, wird aber nun auch von der Regierung geduldet. Heute macht den Schauspielern das Desinteresse der Jugend zu schaffen, die sich eher für Schmalzstreifen aus Korea und anderen asiatischen Ländern begeistert.

Rock- & Popmusik

Bereits seit 1983 heizen die Musiker von Emperor ihr Publikum ein. Spielten sie anfänglich birmanische Coverversionen westlicher Songs, so sind es heute immer mehr eigene Titel. Seit langem Nummer eins ist jedoch die Band Iron Cross, welche seit 1990 im Geschäft ist und mit dem Eisernen Kreuz für ihre Auftritte wirbt. Die Solis des Gitarristen Chit San Maung sind ebenso legendär wie die Auftritte des Sängers Lay Phyu, der heute jedoch eher solo auftritt. Auch die Band Lazy Club liegt bei Fans schriller Töne in der Beliebtheitsskala weit oben. Zunehmend finden auch Punk und Indie-Rock Fans. Wie das Publikum ist Hip-Hop in Myanmar noch jung. Im Land der Pagoden sind Rock und Rap in, kaum eine Teestube, in der nicht die Boxen scheppern. Selbst schüchterne Mädchen beginnen zu wippen, wenn die Rapper Anegga, Barbu oder Sai Sai Kham Hlaing loslegen.

Feste & Veranstaltungen

Neben den offiziellen buddhistischen Festtagen feiern auch kleine Pagoden darüber hinaus eigene Feste. An diesen Tagen können örtliche Behörden geschlossen sein.

Während die meisten gesetzlichen Feiertage › S. 151 des Landes dem Gregorianischen Kalender folgen, orientieren sich die traditionellen Feste am Mondkalender: Das heißt, Beginn oder Höhepunkt der Veranstaltungen fallen auf den Vollmond.

Festekalender

Januar: Die Kachin feiern am 10. des Monats ihr großes **Manao-Fest** in Myitkyina › S. 128.

Februar: Am 12. Februar begeht das ganze Land den **Tag der Union** zum Gedenken an das Panglong-Abkommen von 1947 › S. 39. In den zwei vorausgehenden Wochen wird die Nationalflagge durchs Land kutschiert, bis sie in Yangon eintrifft. Wo sie Zwischenstation macht, wird kräftig gefeiert.

April: Zur heißesten Zeit, Mitte April, wird **Thingyan** gefeiert. Das landesweit fünf Tage lang ekstatisch begangene Neujahrsfest begrüßt den König der Nats auf einer Stippvisite bei den Sterblichen. Der Herrscher wirft einen Blick in das Buch der guten und bösen Taten, während die Menschen sich mit Wasser überschütten. Die strengen Anstandsregeln werden in diesen Tagen ausnahmsweise einmal gelockert und lassen reichlich Raum für lockere Neckereien. Feiern Sie mit, aber lassen Sie am besten alles im Hotel, was nicht wasserfest ist.

Mai/Juni: Zum Vollmondtag **Nayon**, dem »dreifach gesegneten Tag« wird Buddhas Geburt, Erleuchtung und Eingang ins Nirwana mit feierlichem Gießen der Bodhi-Bäume gefeiert.

Juli/August: Zu Beginn der dreimonatigen buddhistischen Fastenzeit am Vollmondtag **Waso** bringen Gläubige den Mönchen reiche Gaben dar, vor allem neue Roben. In Taungbyone, 30 km nördlich von Mandalay, findet

Essen & Trinken

Ein Höhepunkt im Shan-Staat – das jährliche Phaung-Daw-U-Fest

in der Woche vor dem Vollmondtag **Wagaung** (meist im August) ein wüstes und ausgelassenes Spektakel mit Rauschmitteln und Musik zu Ehren von zwei Nat-Brüdern statt.

September/Oktober: Auf dem Höhepunkt der Regenzeit finden landesweit Bootsrennen statt, das schönste zum Ende des dreiwöchigen **Phaung-Daw-U-Festes** auf dem Inle-See. Mit dem Vollmondtag **Thadingyut** wird das Ende der Fastenperiode in einer Nacht der Kerzen »eingeleuchtet«.

November/Dezember: Junge Frauen weben zum Vollmondtag **Tazaungmon** über Nacht im Tempel neue Mönchsroben um die Wette. Landesweite Nat-Feste finden zum Vollmondtag **Nadaw** statt. Außerdem wird der bewegliche **Nationalfeiertag** in dieser Zeit begangen.

Essen & Trinken

Zum Grundnahrungsmittel Reis *(htamin)* isst man überwiegend milde, aber in Speiseöl schwimmende Currys *(hin)*, die in westlichen Mägen oft schwer ruhen.

Neben exotischen Gewürzen basieren die Currys auf Rind, Schwein, Fisch, Huhn, Garnelen oder Hammel. Als Beilage wird gekochtes Gemüse wie etwa Chayote oder Aubergine serviert. Auch eine Linsensuppe oder eine mit Bitterkraut angereicherte klare Suppe gehört zum Menü. Die entsprechende Würze und Schärfe verleihen die Fischsoße *nga pye ye* und gerösteter Chili. Als Snack kommt häufig *lephet thoke,* eingelegte Teeblätter mit Sesam und Erdnüssen, auf den Tisch. In Restaurants erhält man zwar Löffel und Gabel, doch werden Reis und Curry traditionell mit den Fingern – ausschließlich der rechten Hand – gegessen.

Salate und Nudeln

Unter den vielen verschiedenen Salatvariationen sticht der pikante *lethoke* mit seinem Gemisch aus rohem Gemüse und Obst besonders hervor. Nudelgerichte gibt es in vielen Ausführungen: Rund um Mandalay ist *mishee* populär, wozu Reisnudeln mit Schweinehackfleisch, Zwiebeln und Chili angereichert werden. *Kauk sweh* ist eine kulinarische Bereicherung aus dem Shan-Staat. Eiernudeln werden mit Huhn in Kokosnusssoße serviert, die dank Zwiebeln, Knoblauch, Ingwer und Chili einen pikanten Geschmack erhält. Die typisch birmanische Nudelsuppe, *mohinga*, beruht auf einer dicken, gelben Fischsoße und füllt den birmansichen Magen zum Frühstück.

Die Teashops

Die Institution des *tea shop* wird von Touristen leider häufig übersehen. Hier wird neben Tee und Kaffee, beide in verschiedenen Versionen erhältlich, auch eine Vielzahl kleiner Snacks serviert, darunter wahre Köstlichkeiten, sowohl süß als auch pikant. Lassen Sie sich nicht von der Optik täuschen – die unscheinbarsten Gerichte können die besten sein. Außerdem sind Eier in den üblichen Formen zu haben, was den Teashop zum Frühstücken qualifiziert.

> **! Erstklassig**
>
> **Das Beste aus Birmas Küchen**
>
> - Im Ausbildungsrestaurant **Shwe Sa Bwe** in Yangon essen Sie vorzüglich. › S. 71
> - Bagan gilt als einer der besten Orte für birmanische Küche. Lassen Sie sich von der schlichten Einrichtung des **Shwe Myanmar** nicht abschrecken. Dort serviert man leckere Currys. › S. 98
> - In lauschiger Atmosphäre speisen Sie in Nyaung U auf der Terrasse von **The Beach Bagan** mit Flussblick. › S. 98
> - Das **Club Terrace** beim Golfklub von Pyin U Lwin verströmt viel koloniales Flair. › S. 125
> - Authentische Rakhine-Küche finden Sie im **Moe Cherry** in Mrauk-U. › S. 141

Getränke

Die international bekannten Softdrink-Konzerne sind samt und sonders vertreten, es gibt daneben aber auch sehr gute einheimische Durstlöscher. Ein Lob sei an dieser Stelle den lokalen Brauereien der wirklich leckeren Biere ausgesprochen. In den vielerorts populären Biergärten können Sie zum frisch gezapften Bier auch schmackhafte Grillspießchen knabbern. Tee und Kaffee werden für gewöhnlich süß und mit Milch serviert, auf Wunsch gibt es beides natürlich auch ohne alles. Die einheimischen Sorten von Whisky, Rum und Gin sind nicht unbedingt jedermanns Geschmack. In den Supermärkten von Yangon und Mandalay sind aber auch internationale Spirituosen zu bekommen.

Shopping

Ob Edelsteine oder Sonnenschirme, birmanische Mitbringsel werden Sie noch lange nach dem Urlaub erfreuen. Ein paar Regeln sollten Sie beim Einkauf allerdings beachten.

Longyis › **S. 109** kaufen Sie am besten am jeweiligen Herkunftsort, doch kopiert man in Amarapura bei Mandalay alle Varianten in technischer Vollendung. Da viele ländliche Kleinbetriebe vermehrt auch Kunstfasern oder Seide-Kunstfaser-Mischungen verwenden, sollten Sie gegebenenfalls die bekannte »Feuerprobe« (Kunstfaser schmilzt zu harten Tröpfchen, Seide wird weich und verbrennt zu Asche) machen. Die hübschen **Bambusschirme** kommen aus Pathein › **S. 134**. Auch sie sind ein typisch birmanisches Erzeugnis, harten Alltagsbelastungen jedoch nicht gewachsen. **Umhängetaschen,** die auf den Märkten angeboten werden, haben in puncto Dekor und Material einen Tiefstand erreicht. Sofern Sie sich nicht mit Plunder zufrieden geben wollen, bleibt nur die Suche in den Dörfern der Bergvölker.

Antiquitäten

Rechnen Sie grundsätzlich nicht damit, dass man Ihnen Originale anbietet. In jedem Fall brauchen Sie eine Erlaubnis für den Export, die zu beschaffen Aufgabe des Händlers ist. Da der Export von Antiquitäten verboten ist, sollten Sie auch bei dem Papier ein gesundes Misstrauen an den Tag legen. Holzschnitzereien dürfen Sie nicht ausführen, sofern es sich um Statuen aus Edelhölzern z. B. Teakholz oder Antiquitäten handelt.

Edelsteine

Rubine aus Myanmar sind unübertroffen, ebenso andere hochwertige Edelsteine wie Saphire, Topase, Spinelle; gehandelt wird auch mit birmanischer Jade und sehr guten Perlen. Der Export ist jedoch nur gestattet, wenn die Preziosen bei einem staatlich lizenzierten Händler erworben wurden, der Ihnen dafür eine entsprechende Bescheinigung ausstellt. Sie kaufen dort zwar teurer ein als auf dem freien Markt, doch sind Sie vor Rechtsproblemen geschützt. Vergessen sie nicht, Preise zu vergleichen und kräftig zu handeln.

Beim Rubinkauf Folgendes beachten: Die Steine weisen oft auch für den Laien unter der Lupe erkennbare Risse auf. Durchziehen diese den ganzen Stein, kann er leicht zerbrechen, und Sie sollten ihn nicht kaufen. Andernfalls verringern sie zwar den Wert, nicht aber die Schönheit, auf die es ankommt. Gerade bei dieser gibt es aber erhebliche und auch preisbestimmende Unterschiede. Die richtige Farbe sollte Ihnen daher wichtiger sein als Reinheit und Größe. Gute Rubine leuchten in einem hellen, warmen, sehr intensiven Rot.

SPECIAL

Bunte Puppen, prächtige Stoffe und edler Lack

Vermutlich werden Sie sich über das Gepäcklimit Ihrer Airline ärgern. Lassen Sie in Ihrem Koffer also genügend Platz für Mitbringsel. Sie wären nicht die Ersten, die in Myanmar einem wahren Kaufrausch verfallen. Mandalay und seine Umgebung gilt mit Fug und Recht als das Zentrum des Kunsthandwerks. Von Arbeiten aus Blattgold über Holzschnitzereien bis Tempelglocken wird hier alles hergestellt. Die besten Lackarbeiten finden Sie in Bagan.

Wenn Sie die bunte Welt buddhistischer Devotionalien kennenlernen wollen, schlendern Sie doch einmal durch die mit allen möglichen Waren bestückten östlichen Zugänge der Shwedagon-Pagode in Yangon › S. 60 oder der Mahamuni-Pagode in Mandalay › S. 101.

Kalaga-Stickereien

Kalaga, »indischer Wandbehang«, nennen Birmanen die schweren Stoffe, die mit Tausenden Metallpailletten, Glasperlen, Spiegelsteinen sowie gold und silber umwirkten Fäden bestickt werden. Meist handelt es sich um religiöse oder höfische Motive. Kein Wunder, denn wichtigster Auftraggeber war früher das Königshaus. Heute sind es die Hotels und Restaurants, die solche Schmuckstücke für sich anfertigen lassen. Vielleicht haben Sie zu Hause

Kunsthandwerk SPECIAL

noch eine Wand frei für diese Kunstwerke, an denen junge Frauen für einen Hungerlohn oft monatelang arbeiten. Achten Sie unbedingt auf Qualität: Ein entscheidendes Merkmal dafür ist die Festigkeit des Samtes. Stücke, die sich lappig und weich anfühlen, sind minderwertig. Das Gleiche gilt für stumpf oder rostig wirkende Pailletten, die Alter vortäuschen sollen.

Lackarbeiten

Vielfarbige Lackarbeiten werden heute ! überwiegend in Bagan hergestellt, können jedoch ebenso gut in Mandalay oder Yangon erstanden werden. Da jede Farbe einen neuen Schleifgang erfordert, ist die Anzahl der verwendeten Farben maßgeblich für Güte und Preis. Qualitativ am besten fallen kleinere Gegenstände aus, bei denen die Lackschichten auf ein hochflexibles Geflecht aus Tierhaar und Bambusfasern aufgetragen werden.

Bedingt durch die wachsende Nachfrage nach billigen Souvenirs werden hochwertige Lackarbeiten leider immer seltener angefertigt. Das früher noch geflochtene Gerüst wird für Billigangebote nun durch Pappe (ebenfalls flexibel, springt aber nur schlaff und nicht in die exakte Ausgangsposition zurück) oder durch massiven Bambus (ist dick und schwer, bricht leicht) ersetzt.

Wollen Sie sich und den lokalen Traditionen einen Dienst erweisen, erstehen Sie lieber ein hochwertiges Produkt zu einem höheren Preis und lassen Sie sich vor dem Kauf den Unterschied zu Billigmaterial durch eine Flexibilitätsprüfung vom Verkäufer demonstrieren. Größere Stücke werden natürlich immer aus Holz und Bambus hergestellt.

Marionetten

Marionetten mit aufwändig bestickten Gewändern fehlen in kaum einem Souvenirshop, kein Tempel Bagans, dessen Eingang nicht voll von ihnen hängt. Der beste Ort zum Kauf ist Mandalay, denn dort werden die meisten Puppen hergestellt. Neben der Größe bestimmen die Anzahl der beweglichen Körperteile (manchmal sogar die Augenlider) und die Qualität der Gewänder den Preis.

Gute Shopping-Adressen:

- **SHAYI Fashion House** [C8]
  Ethno-Mode der Designerin Sann Bawk Rar. Filiale im Taw Win Centre.
  45/B New Yae Tar Shae St.
  Yangon
  Tel. 01/543306
- **Aung Nan Handicrafts** [C5]
  Vielfältige Auswahl an Marionetten.
  50 Dinge (35) › S. 16.
  97–99, Mandalay-Sagaing Rd.
  Mandalay | Tel. 02/70145
- **U Sein Myint** [C5]
  bietet ebenfalls eine recht umfangreiche und gute Auswahl an Wandbehängen und Marionetten.
  42 62nd St., zw. 16th und 17th St.,
  Mandalay | Tel. 02/26553
- **Art Gallery of Bagan** [C6]
  Schöne Lackarbeiten und wohl die beste Adresse vor Ort.
  Bagan | Ortsteil Myinkaba
  Tel. 061/60307

53

U-Bein-Brücke, die den
Taungthaman-See bei
Amarapura überspannt

TOP-TOUREN & SEHENS-WERTES

YANGON UND DER SÜDEN

Kleine Inspiration

- **Mit den ersten Sonnenstrahlen** den Goldenen Felsen bewundern › S. 75
- **In Mawlamyine** dem feinen Klang der Pagodenglöckchen lauschen › S. 79
- **Auf einem Spaziergang** das koloniale Dawei erkunden › S. 81

Yangon und der Süden

Karte S. 59

Tour 1 | 2

Nur wenige Städte Asiens bieten eine so faszinierende Mischung an Ethnien und Kulturen wie Myanmars Metropole Yangon. Endlose Sandstrände, Hunderte von Inseln und pittoreske Häfen prägen Tanintharyi im tiefen Süden.

In der ehemaligen Hauptstadt **Yangon** erheben sich dicht an dicht Kirchen, Pagoden, Hindutempel und Moscheen. Wuchtige viktorianische Bauten, wie man sie in England nicht schöner findet, wechseln sich ab mit Palästen aus Glas und Beton sowie mit stillen, weitläufigen Siedlungen aus Teakhäusern. Erstaunlicherweise fügen sich die krassen Gegensätze Yangons jedoch zu einem harmonischen Ganzen zusammen. Das mag am toleranten Miteinander seiner kosmopolitischen Bewohner liegen oder an der einigenden Anziehungskraft der Shwedagon-Pagode, die sich mit ihrem goldbedeckten Stupa wie ein majestätisches Mahnmal erhebt.

Ein Schatten seiner selbst ist hingegen **Bago**, 80 km nordöstlich von Yangon. Die einst bedeutende Königsmetropole ist heute ein Provinznest – dank der vielen Pagoden und einem lächelnden liegenden Buddha jedoch eines mit Charme. Einer der kuriosesten Pilgerorte liegt im Mon-Staat: der dramatisch am Abhang balancierende Goldene Felsen, **Kyaik-htiyo**, 5–6 Autostunden von Yangon. Für die anstrengende Anfahrt dorthin entschädigt die fromm-fröhliche Atmosphäre rund um das Heiligtum. Nicht weit davon südlich des Goldenen Felsens, erinnert in **Thaton** kaum mehr etwas an dessen Bedeutung als Zentrum eines bedeutenden Mon-Reiches. Dafür verströmt der Ort die Atmosphäre einer typischen birmanischen Kleinstadt. Bislang noch wenig besucht ist die Hauptstadt des Kayin-Staates **Hpa-an**, die inmitten einer malerischen Landschaft mit Karstbergen und Höhlen liegt. Schließlich lohnt das ca. 300 km südöstlich von Yangon gelegene **Mawlamyine** mit seinen verträumten Pagoden und interessanten Ausflugszielen – wie etwa der Strand von **Kyaikkhami** und der riesige liegende Buddha bei **Mudon**.

Die schönste Küstenregion des Landes ist **Tanintharyi**. Allerdings machen sich nur wenige Besucher dorthin auf und verpassen somit die stimmungsvolle Hafenstadt **Dawei** mit dem nahen Strand von Maungmagan, das geschäftige **Myeik** und den riesigen **Myeik-Archipel** mit über 800 Inseln und Myanmars südlichsten Zipfel bei **Kawthoung**.

Oben: Markt in Thanlyin
Links: Shwedagon-Pagode in Yangon

Touren in der Region

Tour 1: Ins Land der Mon

Route: Yangon › Bago › Kyaikhtiyo › Thaton › Hpa-an › Mawlamyine › Yangon

Karte: Seite 59
Länge: 600 km
Dauer: 4–5 Tage
Praktische Hinweise:
- Für diese Rundtour benötigen Sie einen Wagen mit Fahrer.
- Um die Reise vielseitiger zu gestalten, können Sie z. B. bis Hpa-an mit dem Auto anreisen, von Hpa-an nach Mawlamyine ein Boot chartern (2 Std., über Unterkunft buchbar) und von Mawlamyine zurück nach Yangon mit dem langsamen, aber sehr unterhaltsamen Zug fahren (10 Std.).

Tour-Start:

Von **Yangon** 1 › S. 60 fahren Sie zunächst in die alte Mon-Metropole **Bago** 5 › S. 73 (80 km, ca. 2 Std.) und besuchen dort die buddhistischen Sehenswürdigkeiten. Je nach Straßenzustand benötigen Sie weitere 3–4 Std. bis zum Goldenen Felsen, **Kyaik-htiyo** 6 › S. 75, wo nach dem Aufstieg in einem der Hotels unweit des kuriosen Heiligtums übernachten können.

Am zweiten Tag fahren Sie über das lauschige **Thaton** 7 › S. 77, gen Osten nach **Hpa-an** 8 › S. 78, um dort nachmittags die Karst-Landschaft zu erkunden.

Der dritte Tag führt Sie nach **Mawlamyine** 9 › S. 79, das 64 km von Thaton entfernt am Thanlwin-Fluss liegt. Von dort aus können Sie am vierten Tag einen Ausflug unternehmen oder nach Yangon (300 km) zurückkehren.

Der vergoldete Kanbawzathadi-Palast in Bago

Karte S. 59

Tour 2: Im tiefen Süden

Yangon und der Süden

Tour 2 — Im tiefen Süden

Route: Yangon › Dawei › Myeik › Kawthoung

Karte: Seite 59
Länge: 1350 km
Dauer: mindestens 5 Tage
Praktische Hinweise:
- Die Anreise über Land ist für Ausländer nicht erlaubt. Von Yangon aus verkehren regelmäßig Flugzeuge über Dawei und Myeik nach Kawthoung.
- Die mit 400 km wesentlich kürzere Seestrecke Dawei–Myeik–Kawthoung wird von Schnellbooten bedient (insgesamt 10–12 Std.).

Tour-Start:

Die Reise in den tiefen Süden bedarf gründlicher Planung, da spontane Überlandfahrten nicht möglich sind. Das Flugzeug bringt Sie zunächst von **Yangon** 1 › S. 60 nach **Dawei** 14 › S. 81. Für die schönen Strände sollten Sie sich zwei Tage Zeit nehmen. Am dritten Tag fahren Sie per Boot oder Flugzeug weiter in die geschäftige Hafenstadt **Myeik** 15 › S. 82. Wenn Sie einen mehrtägigen Ausflug in das **Myeik-Archipel** 16 › S. 83 mit seinen fantastischen Tauchgründen planen, müssen Sie dies vorab über einen Veranstalter buchen. Zurück in Myeik, können Sie von dort per Schnellboot nach **Kawthoung** 17 › S. 83 (4½–5 Std.) weiterreisen, wo es auf vorgelagerten Inseln schöne Resorts gibt.

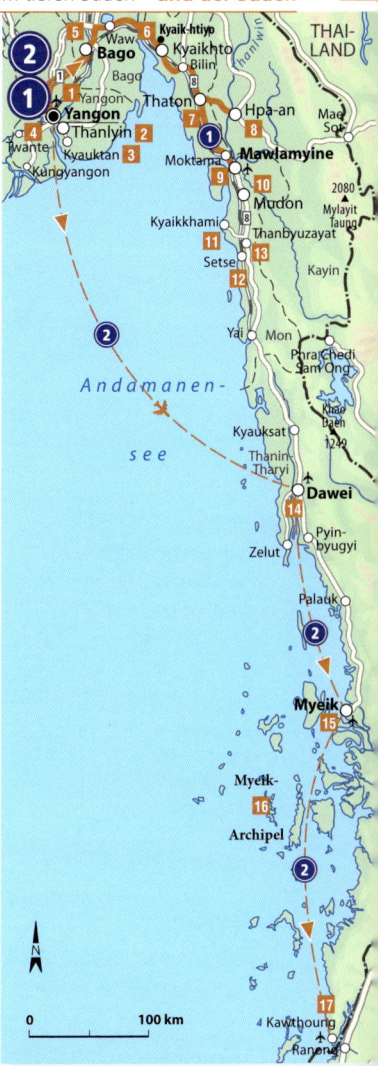

Touren in der Region

Tour 1 Ins Land der Mon
Yangon › Bago › Kyaik-htiyo › Thaton › Hpa-an › Mawlamyine › Yangon

Tour 2 Im tiefen Süden
Yangon › Dawei › Myeik › Kawthoung

Unterwegs in Yangon 1 [C8]

Shwedagon A ⭐ [b2]

»Shwedagon!« Wie eine Zauberformel wird der Taxifahrer den Namen murmeln, während sein Zeigefinger auf einen goldenen Koloss in der Ferne zeigt. Tatsächlich gibt es nur wenige Routen zwischen Flughafen und Zentrum, auf denen der legendäre Bau nicht zu sehen wäre. Und der Chauffeur weiß, was Sie sehen wollen: die berühmte goldene Pagode. Sie ist nicht nur die Hauptattraktion der Stadt, sondern auch Myanmars Nationalheiligtum. Einem geflügelten Spruch zufolge liegt auf dem Stupa mehr Gold als in der Bank von England. Sicher ist, dass sich für diese Pracht diverse birmanische Potentaten in Gold aufwiegen ließen.

Auch wenn die Anlage durchaus überschaubare Ausmaße aufweist, sollten Sie sich zur Besichtigung genügend Zeit nehmen. Am stimmungsvollsten ist es am frühen Morgen und am späten Nachmittag (tgl. 4–21 Uhr).

Besonders eindrucksvoll ist der Besuch an einem der Vollmondtage. Zum Oktobervollmond, Thadingyut, entzünden Gläubige Tausende von Öllichtern. Auch zum Vollmond im November, Tazaungmon, erstrahlt die Pagode im Lichtermeer. Dazu finden sich auch mehrere Teams junger Frauen zu einem Webwettbewerb ein. Sehr viel geboten wird zum Tempelfest am Vollmond Tabaung im Februar/März.

Für einen näheren Blick auf die kostbare Spitze des Stupa brauchen Sie ein Fernglas. Wie bei allen Pagoden sind Schuhe und Strümpfe unbedingt beim Betreten der Aufgänge auszuziehen. Shorts, ärmellose T-Shirts, durchsichtige Blusen u. Ä. verstoßen im Pagodenbereich gegen die Anstandsregeln.

Aufstieg auf den Pagodenhügel

Vier nach den Himmelsrichtungen ausgerichtete Treppenaufgänge führen auf die Spitze des Singuttara-Hügels, von dem aus die »Goldene Dagon« Yangon überragt. Ausländische Besucher werden meist zum Südaufgang dirigiert, wo sich ein Aufzug befindet.

Auf der Spitze des Hügels umgeben 15 m hohe Mauern eine knapp 60 000 m² große, fast quadratische Terrasse. In deren Mitte ragt der massive, vollständig mit Gold bedeckte Stupa 98 m in die Höhe; sein Umfang an der Basis misst 433 m, an der Spitze leuchtet eine mit über 4000 Diamanten besetzte Goldkugel von 25 cm Durchmesser, auf der ein riesiger Smaragd das Sonnenlicht bricht. Auch die Wetterfahne darunter ist mit mehreren tausend feinsten Edelsteinen verziert. Zur Basis hin löst sich der Querschnitt des Stupa in ein Oktagon auf, das an jeder Seite von acht kleineren Stupas flankiert wird, insgesamt also von 64.

Süd- und Westseite

Traditionell werden Pagoden im Uhrzeigersinn umrundet, wobei unser Rundgang im Süden beginnt.

Direkt gegenüber dem Südaufgang befindet sich der Tempel des **Konagamana-Buddha** a, einem der Vorgänger Gautamas geweiht, mit vielen Buddhastatuen, die vermutlich zu den ältesten der Anlage zählen. Der Tempel ist beidseitig von Andachtsstellen für Merkur flankiert.

Der **Schrein der chinesischen Gemeinschaft** b enthält 28 Statuen, die Inkarnationen Buddhas darstellen. Die Andachtsstelle an der Südwestecke des Zentralkomplexes steht unter dem Zeichen Saturns.

Eine **Gedenksäule** c mit viersprachiger Inschrift erinnert an den ersten Studentenstreik von 1920.

In einem kleinen **Schrein** d sehen Sie hinter einer Glasscheibe rechts Bo Bo Gyi, den Schutz-Nat der Shwedagon, sowie den König der Nats, Thagyamin. Der **Rakhine-Pavillon** e gleich daneben besticht durch seine exquisiten Schnitzereien.

Es folgt die **Daw Pwint's Hall** f mit der Darstellung Buddhas beim

SEITENBLICK

Junge Geschichte

Yangon ist vergleichsweise noch sehr jung. Nachdem König Alaungpaya 1756 während einem der zahllosen Kriege zur Vereinigung des Reiches Birmas wichtigsten Seehafen Syriam zerstört hatte, ließ er auf dem Boden des benachbarten Weilers Dagon eine neue Stadt bauen, die er Yangon (»Ende des Streites«) taufte. Ein Großbrand radierte die junge Stadt 1841 allerdings beinahe wieder aus, und die Früchte des mühsamen Wiederaufbaus fielen nicht lange danach 1852 dem zweiten anglo-birmanischen Krieg zum Opfer. Nachdem das Land 1885 im dritten anglo-birmanischen Krieg an die englische Krone gefallen war, machten die Briten »Rangoon«, wie sie die Stadt nannten, zum Verwaltungszentrum des birmanischen Teils ihrer Kronkolonie Britisch-Indien.

Unter britischer Ägide entstand ein rechtwinkliges Gitternetz großzügig angelegter Straßen am Nordufer des Yangon-Flusses, das nach Westen von einer Biegung des Flusses und nach Osten vom Pazundaung Creek begrenzt wird. Im Norden lockert es sich zwischen Seen, Parks und Ausfallstraßen auf und verliert sich in Reisfeldern. Darin stehen repräsentative Verwaltungsbauten der Briten, Kultstätten aller Weltreligionen sowie des asiatischen Völkergemischs, das Yangon sein unverkennbares Gepräge verleiht.

Nach Abzug der Briten und dem anschließenden wirtschaftlichen Niedergang des unabhängigen Birma zerfiel die Pracht, bis man Ende der 1980er-Jahre nur noch von einem maroden Freilichtmuseum sprechen mochte. Seit Mitte der 1990er-Jahre wurden einerseits viele Kolonialbauten restauriert, andererseits mussten etliche gesichtslosen Geschäftshäusern und Hotels weichen. Eine zunehmende Zahl historischer Gebäude steht heute unter Denkmalschutz.

Shwedagon

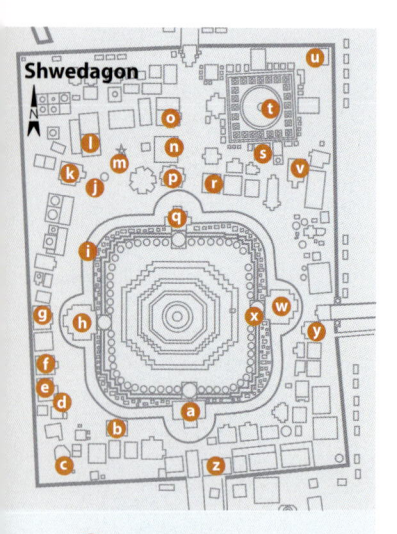

- ⓐ Konagamana-Buddha
- ⓑ Chinesischer Schrein
- ⓒ Gedenksäule
- ⓓ Nat-Schrein
- ⓔ Rakhine-Pavillon
- ⓕ Daw Pwint's Hall
- ⓖ Two Pice Tazaung
- ⓗ Kassapa-Buddha
- ⓘ König Okkalapa
- ⓙ Wochentags-Pagode
- ⓚ Maha-Gandha-Glocke
- ⓛ Versammlungshalle
- ⓜ Wunscherfüllungsstelle
- ⓝ Zediyingna-Gesellschaft
- ⓞ Fußabdruck Buddhas
- ⓟ Sandawdwin Tazaung
- ⓠ Gautama-Buddha
- ⓡ Maha-Bodhi-Tempel
- ⓢ Shin-Itzagona-Schrein
- ⓣ Naungdawgyi-Pagode
- ⓤ Shwedagon-Inschriften
- ⓥ Maha-Tissada-Glocke
- ⓦ Kakusandha-Buddha
- ⓧ Tawa-Gu-Buddha
- ⓨ U Nyo Tazaung
- ⓩ Kuriositätenmuseum

Übergang ins Nirwana, danach der Schrein der chinesischen Kaufleute. Nun ist der Westeingang erreicht. Den dortigen **Two Pice Tazaung** ⓖ finanzierten Händler des Theingyi-Zei-Marktes in den 1930er-Jahren mit eine Spende von mindestens zwei Geldmünzen.

Gegenüber ist ein Tempel dem **Kassapa-Buddha** ⓗ, einer weiteren Inkarnation Buddhas, gewidmet. Auf den beidseitigen Andachtsstellen verehrt man Jupiter, rechts sind Statuen von Mai La Mu und Sakka, den legendären Eltern von König Okkalapa, zu finden. Dem berühmten Stifter der Shwedagon wiederum, **König Okkalapa** ⓘ, ist eine Statue ein Stück weiter nördlich gewidmet.

An der Nordwestecke folgt die Rahu-Andachtsstelle. In den Nischen der kleinen **Wochentags-Pagode** ⓙ gegenüber können Sie die Symbole der acht Tier- und Sternzeichen der Wochentage › S. 44 bestaunen. **50 Dinge** ㉔ › S. 14. Ein schattiger Pavillon lädt Besucher zu einer Rast ein. Er wurde für die 2,20 m hohe und 23 t schwere **Maha-Gandha-Glocke** ⓚ errichtet, die 1779 gegossen wurde. Dahinter schließt sich ein Schrein mit vergoldetem Buddha an, der Wünsche erfüllen soll. In der **Versammlungshalle** ⓛ mit einer 9 m hohen, sitzenden Buddhafigur finden gelegentlich Vorlesungen über die buddhistische Lehre statt.

Nord- und Ostseite

Das in den Marmorboden eingelassene Sternsymbol an der **Wunscherfüllungsstelle** ⓜ vor dem Haupt-

Karte
S. 62

Shwedagon

Yangon und der Süden

Die Shwedagon – Myanmars Nationalheiligtum

stupa ist ohne Pause von meditierenden Gläubigen belegt. Kein Wunder, denn an dieser Stelle geäußerte Wünsche sollen am ehesten in Erfüllung gehen. In Richtung des Nordaufgangs steht die **Halle der Zediyingna-Gesellschaft** n. Indische Wächterfiguren bewachen die Eingänge der anschließenden Halle, die einen **Fußabdruck Buddhas** o birgt.

In der Nordostecke nahe der Außenmauer stehen zwei heilige Bodhi-Bäume. Einer davon ist ein Ableger des indischen Originals, unter dem Buddha seine Erleuchtung erlangt haben soll.

Der **Sandawdwin Tazaung** p steht über einem Brunnen, der angeblich bis zum Ayeyarwady herabreichen und einst zur Waschung

Meditation an der Maha-Tissada-Glocke

der »Acht Haare Buddhas« gedient haben soll. Der beidseitig von Venus-Andachtsstellen flankierte **Gautama-Buddha** Q ist einer der vier Buddhas der jetzigen Weltzeit – zusammen mit den Buddhas Kakusandha, Konagamana und Kassapa.

Der leuchtend bunte **Maha-Bodhi-Tempel** R fällt völlig aus dem Rahmen birmanischer Sakralarchitektur: Er ist dem gleichnamigen Tempel in Bodhgaya im Norden Indiens nachempfunden, der am Ort von Buddhas Erleuchtung errichtet wurde. Ein weiterer **Schrein** S ist Shin Itzagona gewidmet. Dieser war ein zauberkräftiger Mönch, der sich die Augen ausstach, nachdem er über der Suche nach dem Stein der Weisen verzweifelte. Sein letztes Experiment reichte immerhin dafür, ihm das Augenlicht wieder zu ersetzen, doch bekam er dafür nur ein Auge eines Büffels und das einer Ziege. »Meister Ziegen-Büffel« mit den unterschiedlichen Augen steht links neben dem zentralen Buddha des Schreins.

Die **Naungdawgyi-Pagode** T direkt dahinter wurde an jener Stelle errichtet, wo vor dem Bau des Hauptstupa die Acht Haare verwahrt wurden. In der Nordostecke stehen die drei **Shwedagon-Inschriften** U des Königs Dhammazedi aus dem Jahr 1485.

Mit 42 t Gewicht und einem Durchmesser von 2,30 m ist die **Maha-Tissada-Glocke** V des Königs Tharawaddy aus dem Jahre 1841 die gewichtigste der Shwedagon. Die Andachtsstelle an der Nordostecke des Stupa ist der Sonne zugedacht. Der Tempel an der Ostseite ist **Kakusandha** W geweiht, dem ersten Buddha der jetzigen Weltzeit. Beidseitig befinden sich die Mond-Andachtsstellen. In einer Nische oberhalb des Kakusandha-Tempels sitzt ein weiterer Wunder wirkender Buddha, der **Tawa Gu** X. Der Zugang erfolgt jedoch über die Südseite des Zentralstupas, links neben dem Konagamana-Tempel, und ist nur männlichen Gläubigen vorbehalten.

Der **U Nyo Tazaung** Y enthält geschnitzte Holztafeln mit Darstellungen aus dem Leben Gautama Buddhas. An der Südostecke des Zentralstupa befindet sich die Andachtsstelle für Mars. Den Abschluss des Rundgangs bildet ein kleines **Kuriositätenmuseum** Z mit Statuen und Kunstobjekten.

Rund um die Shwedagon

Die **Maha-Wizaya-Pagode** Ⓑ [b3] vor dem Südaufgang zur Shwedagon wurde 1980 von General Ne Win gestiftet und ist innen begehbar. In **Bahan**, dem stets belebten Viertel vor dem Ostaufgang, empfiehlt sich ein Spaziergang durch die Gassen. Die Geschäfte verkaufen vorwiegend religiöse Artikel. An der Arzarni Road, nördlich der Shwedagon, steht das **Märtyrermausoleum** Ⓒ [b2] mit den

Opfergaben

SEITENBLICK

Legende der Shwedagon

Es war schon die vierte Woche nach seiner Erleuchtung angebrochen, als der zum Buddha gewordene Gautama Siddhartha unter einem Rájáyatana-Baum saß und meditierte. Da kamen aufgrund einer Weissagung die beiden Kaufleute Tapussa und Bhallika aus dem fernen Okkala zu ihm, überreichten Reisbrei mit Honigkuchen und baten ihn um Belehrung. Nachdem sie zu Buddhas ersten Laienanhängern geworden waren, schenkte er ihnen zum Abschied acht seiner Haare. Diese bewahrten sie in einer mit Edelsteinen gefüllten Schatulle auf und machten sich mit dem Schiff auf den Heimweg. Unterwegs schenkten sie einem indischen Raja zwei Haare und mussten dem im Meer herrschenden Nagakönig Jayasena zwei weitere abgeben. Endlich erreichten sie ihre Heimat, wo sie von ihrem König Okkalapa und dem Volk feierlich empfangen wurden. Als der König die Schatulle öffnete, waren wie durch ein Wunder alle acht Haare Buddhas wieder vereinigt. Für sie gruben die Bewohner in den Singuttara-Hügel einen Schacht und legten sie mit den Reliquien der drei früheren Buddhas – dem Wasserfilter von Kakusandha, der Robe Konagamanas und dem Stab Kassapas – hinein. Darüber wurden übereinander mehrere Stupas aus Silber, Kupfer, Bronze, Marmor und schließlich aus Ziegelstein errichtet. Am Vollmondtag Tabaung fand die feierliche Einweihung der Pagode statt. Daher begehen die Birmanen bis heute alljährlich zum Vollmond im Februar oder März das Fest der Shwedagon.

Soweit die Legende, wie sie in den Steintafeln des Mon-Königs Dhammazedi von 1485 erzählt wird. Faktisch ist jedoch der Ursprung unbekannt. Vermutlich hat bereits König Anawrahta aus Bagan den Stupa renovieren lassen. Königin Shinsawbu (1453–1472) ließ ihn zum ersten Mal vergolden und sich dafür mit Gold aufwiegen. Ihrem Beispiel folgten spätere Herrscher. Die heutige Gestalt erhielt sie unter dem König Hsinbyushin (1763–1776), der hierfür auch Gold aus dem von ihm 1767 zerstörten Ayutthaya verwendete.

Grabstätten von Aung San und acht Mitstreitern, die 1947 im Secretariat-Building Attentat zum Opfer fielen.

Altstadt ⭐

Von der **Sule-Pagode** 🅓 [b4] legten die Briten das Straßennetz Yangons an. Ihr 46 m hoher vergoldeter Stupa auf der Mittelinsel eines großen Kreisverkehrs bildet noch heute den besten Orientierungspunkt im Herzen der Stadt. Auf dem Platz zwischen der Pagode, dem **Rathaus** und dem **Obersten Gerichtshof** finden häufig Veranstaltungen statt.

Auch für die Gründungslegende der Sule ist Buddhas Haar unverzichtbar. Im Laufe der Zeit vielfach umgebaut, werden ihre Anfänge ins 3. Jh. v. Chr. datiert, als die beiden indischen Mönche Sona und Uttara im damaligen Mon-Staat Thaton missionierten. Der bis fast an die Spitze durchgehaltene achteckige Aufbau des Stupa lässt den starken indischen Einfluss dieser Zeit erkennen, in der Geisterglauben und Astrologie mehr galten als Buddhas Lehre. In den kleinen Kammern der runden Pagodenbasis residieren Astrologen und Handleser.

Der **Mahabandoola-Park** vor der Pagode ist nach einem berühmten General benannt, der im ersten anglo-birmanischen Krieg fiel. Der **Unabhängigkeitsobelisk** 🅔 und die fünf ihn umgebenden Säulen symbolisieren die Union von Myanmar: das birmanische Kernland in Harmonie mit den ersten fünf Teilstaaten der Chin, Kachin, Kayin, Kayah und Shan, mithin also einen Traum.

Strand Road

Entlang der Strand Road, die parallel zum Yangon-Fluss verläuft, reihen sich einige prachtvolle Kolonialbauten. Das noble **Strand Hotel** 🅕 [c4] wurde 1901 von einem der berühmten Sarkies-Brüder eröffnet, denen auch das Raffles in Singapur zu verdanken ist. In der gediegenen Atmosphäre können Sie einen Afternoon Tea im Café genießen.

Ein kleines Stück weiter östlich lohnt ein Besuch der **Botataung-Pagode** 🅖 [c4] vor allem wegen des begehbaren Stupa. Der ursprüngliche Bau wurde im Zweiten Weltkrieg von einer Bombe getroffen. Aus den Trümmern barg man neben kostbaren Artefakten auch verschiedene Reliquien, die Buddha zugeschrieben werden und später ergänzt wurden durch einen legendären Zahn des Erleuchteten, den Myanmar als Geschenk von China erhielt. Beim Wiederaufbau wurde das Innere hohl belassen, in tortenstückartige Segmente unterteilt und ganz mit Spiegelmosaiken ausgekleidet. Die meisten Fundstücke aus dem Originalbau sind in Schaukästen ausgestellt, nur die Reliquien wurden in einem prächtigen Schrein im Herzen des Baus eingeschlossen.

Bogyoke-Aung-San-Markt 🅗 [b3/4]

Hinter einer breiten, einladenden Kolonialstilfassade an der Bogyoke Aung San Street verbirgt sich die für Touristen wie Einheimische vermutlich zweitgrößte Attraktion Yangons. Auf dem immer noch unter seinem alten Namen »Scott Market«

Yangon
Altstadt und der Süden

- Ⓐ Shwedagon-Pagode
- Ⓑ Maha-Wizaya-Pagode
- Ⓒ Märtyrermausoleum
- Ⓓ Sule-Pagode
- Ⓔ Unabhängigkeitsobelisk
- Ⓕ Strand Hotel
- Ⓖ Botataung-Pagode
- Ⓗ Bogyoke-Aung-San-Markt
- Ⓘ Theingyi-Zei-Markt
- Ⓙ Kheng-Hock-Keong-Tempel
- Ⓚ Nationalmuseum
- Ⓛ Chauk Htat Gyi
- Ⓜ Nga Htat Gyi
- Ⓝ Kaba-Aye-Pagode
- Ⓞ Maha-Passana-Guha-Grotte
- Ⓟ Myanmar Gems Museum und Gems Mart

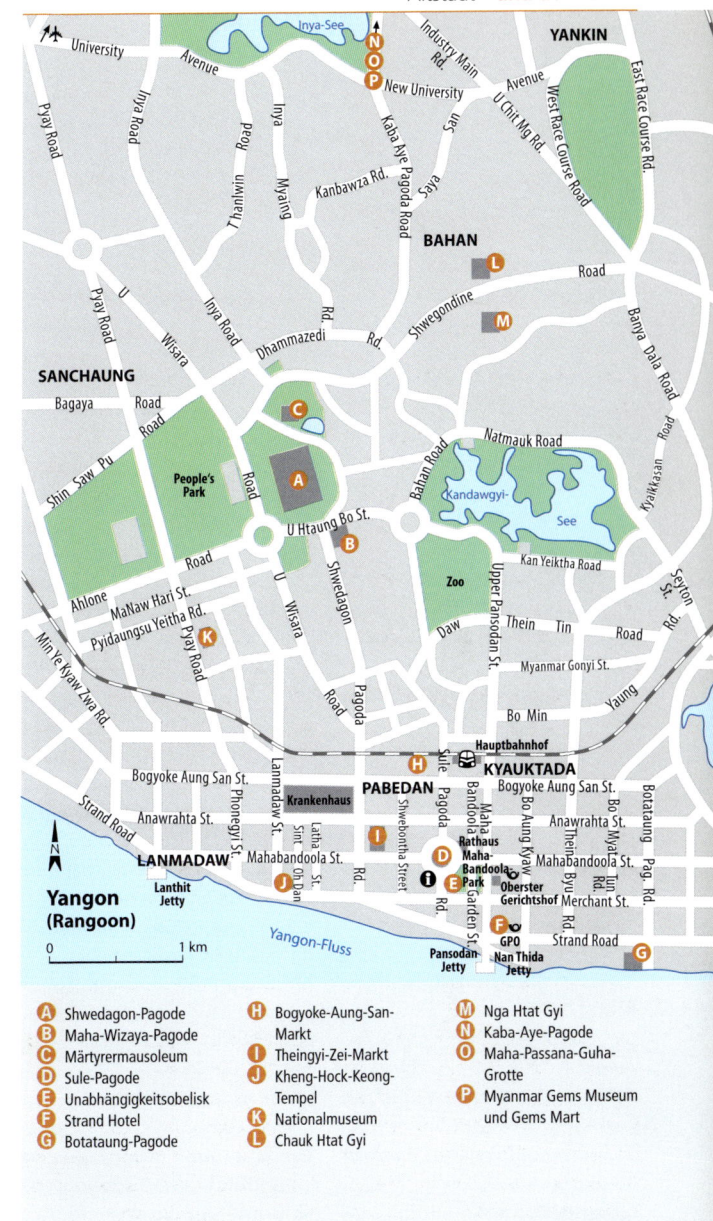

bekannten Einkaufs-Eldorado können Sie von Plunder made in China bis zu feinsten Mogok-Rubinen so ziemlich alles kaufen, was das Herz begehrt. **50 Dinge** ㉛ › **S. 15**. Abgesehen von einigen typischen Handarbeiten der Minoritäten, erhalten Sie hier Ihren gesamten Souvenir- und Reisebedarf (Di–So 10–17 Uhr).

Wenn Sie hungrig geworden sind, können Sie in den Lokalen im benachbarten Parkson-Einkaufszentrum oder im **FMI Centre** einkehren.

Little India und Chinatown

Westlich der Sule-Pagode liegt das Viertel der Inder mit zahlreichen Moscheen, Hindutempeln und Geschäften. Zwischen Anawrahta Road und Mahabandoola Road (Höhe 25th/26th Street) gelangen Sie zum interessanten **Theingyi-Zei-Markt** ❶ **[b4]**. Noch etwas weiter beginnt die Chinatown mit einem abendlichen Markt. **50 Dinge** ① › **S. 12**. An der Ecke von Strand Road und Sint Oh Dan Street begrüßt Sie der 1861 von Händlern aus dem chinesischen Fujian gestiftete **Kheng-Hock-Keong-Tempel** ❿ **[a/b4]**.

Nationalmuseum ⓚ [a3]

Zu den vielen sehenswerten Exponaten zählen edelsteinverzierte Waffen und Regalia, das wahre Prunkstück jedoch ist der Löwenthron des letzten birmanischen Königs Thibaw – mit Schnitzerei nach einem legendären Motiv verziert und exquisit lackiert, fein vergoldet sowie beeindruckende 8,10 m hoch (Di–So 10–16 Uhr).

Chauk Htat Gyi und Nga Htat Gyi [b/c2]

In einer unscheinbaren Halle präsentiert sich der liegende Buddha **Chauk Htat Gyi** Ⓛ mit einer gewaltigen Länge von 70 m. Die 108 Felder an seinen Fußsohlen beschreiben die Kennzeichen eines Buddhas. Die monumentale Figur gehört zu einem großen Kloster und wurde erst 1966 geschaffen. Falls Sie an ungeheuren Proportionen Gefallen finden, sollten Sie ganz in der Nähe eine weitere Pagode besuchen: **Nga Htat Gyi** Ⓜ nennt einen 10 m hohen sitzenden Buddha ihr Eigen.

Im Norden Yangons

Anlässlich des 2500. Jahrestages von Buddhas Eingang ins Nirwana fand in Yangon die Sechste Buddhistische Synode statt. Für die zwei Jahre dauernde Versammlung (1954–56) wurden eine vollständig neue Pagode sowie eine künstliche Grotte angelegt, die beide wenig spektakulär, aber bei der Bevölkerung beliebt sind. Die **Kaba-Aye-Pagode** Ⓝ ist hohl, im Innern befinden sich Darstellungen aus dem Leben Buddhas samt Reliquien seiner beiden Schüler Sariputta und Moggalana.

In der sehr karg gehaltenen **Maha-Passana-Guha-Grotte** Ⓞ versuchten 2500 Delegierte aus aller Welt zum sechsten Male, sich auf

Karte S. 59 | Im Norden Yangons | **Yangon und der Süden**

Liegender Buddha im Kloster Kyauk Htat Gyi

eine endgültige Version der Tripitaka, des heiligen Schriftenkanons der Buddhisten, zu einigen. Heute finden hier u. a. Mönchsprüfungen statt. In der Nähe liegt das **Myanmar Gems Museum und Gems Mart** ❿, ein moderner Bau mit vier Etagen. Die Ausstellung im Obergeschoss bietet einen guten Überblick über alle birmanischen Edelsteinarten und stellt einige besonders wertvolle Stücke aus. Lizenzierte Händler verkaufen auf den unteren Etagen in jeder Preisklasse Schmuck und Edelsteine, allen voran Rubine, Saphire und Jade (Di–So 9–17 Uhr).

Info

Myanmar Travels & Tours (MTT)
MTT ist die staatliche Tourismusorganisation und die Anlaufstelle für touristische Informationen, jedoch bezüglich Verkehrsverbindungen oder Reisebeschränkungen abseits des touristischen Normalprogramms leider nicht immer auf dem Laufenden. Da ist Vorsicht geboten!
• 118 Mahabandoola Garden St. Yangon | Tel. 01/371286 und 378376
www.myanmartravelsandtours.com
Geöffnet tgl. 8–18 Uhr

Anreise

• **Flughafen:** Die internationale Ankunft im Mingaladon International Airport ist modern und effizient. Gut 20 km und je nach Verkehr 30 bis über 60 Min. vom Zentrum entfernt, sollte ein Taxi zu einem beliebigen Hotel nicht mehr als 10 000 Kyat kosten. Die besseren Häuser bieten aber ohnehin einen Transfer. Für die Fahrt zum Flug-

hafen sollte man aufgrund des hohen Verkehrsaufkommens mindestens 3 Std. vor dem Abflug losfahren.
- **Bahnhof:** Alle Züge fahren ab Hauptbahnhof in der Innenstadt. Tickets zum regulären Preis werden am besten einen Tag im Voraus gebucht, doch auch, wenn Sie kurz vor der Abfahrt des Zuges Ihr Glück am Bahnhofsschalter versuchen, haben Sie gute Chancen.
- **Transport in der Stadt:** Yangon ist viel weitläufiger, als die nicht maßstabsgerechten Pläne vermuten lassen. Für alle außerhalb des Stadtkerns gelegenen Ziele muss man daher auf Busse oder Taxis zurückgreifen. Yangoner Taxis sind meist an einem Schild erkennbar und können an der Straße angehalten werden. Sie haben keinen Taxameter, die Preise schwanken abhängig vom Fahrzeugtyp und -zustand. Eine Fahrt innerhalb des Stadtzentrums sollte nicht mehr als 3000 Kyat kosten.

Reisebüros
Asian Trails
- 73 Pyay Rd. | Yangon
Tel. 01/211212
www.asiantrails.info

Exotissimo
- 147 Shwegonedaing St.
West Shwegonedaing Ward
Yangon | Tel. 01/8604933, 860327
www.exotissimo.com

Hotels
Inya Lake Hotel €€€
In einer weitläufigen Parkanlage am Inya-See gelegenes Resort mit großem Pool.
- 37 Kaba Aye Pagoda Rd.
Yangon | Tel. 01/9662866
www.inyalakehotel.com

The Governor's Residence €€€
Im Botschaftsviertel gelegene, vornehme Teakholz-Villa aus den 1920er-Jahren mit 47 Räumen. Netter Tropengarten, Pool.
- 35 Taw Win Rd. | Yangon
Tel. 01/229860
www.governorsresidence.com

The Savoy €€€
Gelungenes Boutiquehotel im Kolonialstil. Pool und die Captain's Bar sind eine willkommene Abkühlung für's Innere und Äußere.
- 129 Dhammazedi Rd.
Yangon | Tel. 01/526289
www.savoy-myanmar.com

The Strand €€€
Legendäres Kolonialhotel im Zentrum mit gerade einmal 32 Suiten in bezauberndem Ambiente. Gutes Restaurant.
- 92 Strand Rd. | Yangon
Tel. 01/243377
www.hotelthestrand.com

Alfa Hotel Yangon €€
Hotelklotz in Downtown-Nähe mit kleinen Zimmern. Auf dem Dach lockt die Sapphire Lounge. **50 Dinge** (23) › **S. 13.**
- 41 Nawaday St. | Yangon
Tel. 01/377960
www.alfahotelyangon.com

Central Hotel €€
Beliebtes Geschäftshotel mit gutem Service und zentraler Lage unweit des Bogyoke-Aung-San-Markts.

Karte S. 59

Adressen **Yangon und der Süden**

Koloniales Flair – The Strand

- 335–337 Bogyoke Aung San St.
  Yangon | Tel. 01/241001
  www.centralhotelyangon.com

Thamada Hotel €€
Kleine, recht betagte Zimmer. Wegen der zentralen Lage aber eine beliebte Bleibe.
- 15 Signal Pagoda Rd.
  Yangon | Tel. 01/243639

Hninn Si Budget Inn €
Budgetoption mit 15 glanzlosen Zimmern ohne Bad in zentraler Downtown-Lage.
- 213-215 Botataung Pagoda Rd.
  Yangon | Tel. 01/203 475
  www.hninnsibudgetinn.com

Restaurants

Preiswerte chinesisch-birmanische Küche und Bier vom Fass gibt's in großer Auswahl in der 19th Street, der »Futtermeile« von Chinatown.

50th Street Bar & Grill €€€
Zeitgeistladen mit internationaler Küche, der ebenso in New York oder Paris stehen könnte. Tadelloses Essen, aber teuer.
- 50th St. | Yangon
  Tel. 01/298096

House of Memories €€€
In dieser über 100 Jahre alten Kolonialvilla können Sie bei guten birmanischen Gerichten in Erinnerungen schwelgen.
- 290 U Wizara Rd. | Yangon
  Tel. 01/525195
  www.houseofmemoriesmyanmar.com

Shwe Sa Bwe €€€
Ausbildungsrestaurant für benachteiligte Jugendliche ❗ mit gehobenem kulinarischen Anspruch in netter Villa.
- 20 Malikha St. | Yangon
  Tel. 01/661983

Danubyu Daw Saw Yee €€
Große Auswahl birmanischer Currys für den Mittagstisch, beliebtes Restaurant.
- 175–177 29th St. | Yangon

Feel Myanmar Food €€
Das populäre und preiswerte Lokal bietet vielerlei birmanischer Currys, Nudelgerichte und Mohinga zum Frühstück.
- 124 Pyidaungzu Yeiktha Rd. | Yangon

Monsoon Restaurant & Bar €€
Hier können Sie eine kulinarische Reise durch Asiens Küchen unternehmen.
- 85–87 Theinbyu Rd.
  Yangon | Tel. 01/295224
  www.monsoonmyanmar.com

Nightlife
Elitär und sehr westlich geht es in den Hotelbars des **Chatrium, Savoy, Strand** und **Sule Shangri-La** zu. Im **GTR Club** (37 Kaba Aye Pagoda Rd.) kann man allabendlich abtanzen. Angesagt sind zudem die **Union Bar & Grill** (42 Strand Rd.), **Off the Beaten Track** (im Kandawgyi Nature Park) und **The Phayre's** (292 Pansondan St.).

Ausflüge von Yangon

Thanlyin und Kyauktan

Das nur 16 km südöstlich von Yangon gelegene **Thanlyin** 2 [D9] war über Jahrhunderte Myanmars Tor zur Welt. Dank einer Brücke über den Bago-Fluss ist der Ort mit dem Fahrzeug verkehrsabhängig in 40 bis 50 Minuten erreichbar. In der einst unter dem Namen »Syriam« bekannten Hafenstadt ließen sich im 16. Jh. die ersten europäischen Händler und Missionare nieder. Der portugiesische Abenteurer Philip de Brito y Nicote etablierte 1603 in Syriam sein kleines privates Königreich und tyrannisierte von hier die gesamte Küstenregion. Erst zehn Jahre später gelang es dem König von Toungoo, de Brito gefangen zu nehmen und ihn grausam zu pfählen. Nach ihrer Zerstörung 1756 unter Alaungpaya verlor die Hafenstadt an Bedeutung. Unter den etwa 130 000 Einwohnern sind viele südasiatischer Herkunft, weshalb das alljährlich im Februar stattfindende Thaipusam-Fest von den Hindus pompös gefeiert wird. Zu den wenigen Attraktionen zählt die auf einem Hügel liegende **Kyaik-Khauk-Pagode**, deren goldener Stupa bis nach Yangon sichtbar ist. Interessanter ist die **Kyauktan-Pagode** 3, 20 km südlich von Thanlyin. Das auch Yele Paya (»in der Mitte des Flusses liegend«) genannte Heiligtum steht auf einer Flussinsel und ist nur per Ruderboot erreichbar.

Twante 4 [C8]

Ein weiterer interessanter Tagesausflug führt in die ❗ Töpferstadt Twante südwestlich von Yangon. Um dorthin zu gelangen, nehmen Sie am Nan Thida Jetty beim Strand Hotel die Fähre nach Dala und fahren von dort mit dem Taxi nach Twante (24 km). Das Städtchen erstreckt sich entlang des Twante-Kanals und ist für die Herstellung von Töpferwaren bekannt. Im Ortsteil Oh Bo können Sie den seit Jahrhunderten praktisch unveränderten Herstellungsprozess beobachten. Hauptattraktion ist die 76 m hohe **Shwesandaw-Pagode**, die der Legende nach seit über 2000 Jahren zwei Haarreliquien Buddhas birgt.

Wenn Sie der Hektik Yangons entfliehen möchten, nehmen Sie die Fähre nach Dala und erkunden per Fahrradriksha diesen lebendigen, noch recht ländlich geprägten Ort.

Unterwegs im Süden

Bago 5 ★ [D8]

Eine Mon-Legende kündet von einer winzigen Insel im Golf von Mottama. Dank der Verschlammung einer Flussmündung etablierte sich dort spätestens ab dem 9. Jh. eine wichtige Metropole der Mon: Hinthawady. Vom 14. bis ins 16. Jh. war sie die glanzvolle Hauptstadt eines mächtigen Königreiches. Doch der Fluss verschlammte weiter, der Hafen wurde unbenutzbar und die Häuser und Heiligtümer in mehreren Kriegen wiederholt zerstört: Die später von den Briten Pegu genannte Stadt geriet in Vergessenheit. Mittlerweile ist sie Sitz einer Provinzverwaltung und liegt mitten in Niederbirmas Reiskammer, 60 km vom Meer entfernt. Wären da nicht die Relikte seiner großen Vergangenheit, würde Bago auch heute niemand Beachtung schenken.

Stadtrundgang

Erst nach der Fertigstellung im Jahre 1954 wurde die **Shwemawdaw-Pagode** mit ihrem knapp 114 m hohen Stupa zur höchsten des Landes. Sie erinnert an die buddhistische Lehre der Vergänglichkeit, denn allein im 20. Jh. fiel sie drei Erdbeben zum Opfer. Ein 1917 abgestürzter Teil der Bananenknospe wurde in den Stupa integriert. Vermutlich stand bereits bei der Stadtgründung im 9. Jh. an dieser Stelle eine Pagode mit zwei Haaren Buddhas. Mächtige weiße Chinthe-Löwen bewachen den Westaufgang, der Sie von der Stadt am schnellsten auf die restaurierte Plattform bringt.

Nach einem Rundgang gelangen Sie über den Ostaufgang zum **Hinthagone-Hügel**, von wo sich ein wunderbares Stadtpanorama bietet. Er ist nach dem Hintha-Pärchen benannt, dessen Rastplatz an dieser einst aus dem Wasser ragenden Erhebung als gutes Omen für die Gründung Bagos galt. Den treuen Vögeln wurde vor dem Zentral-

Reisanbau in der Umgebung von Bago

schrein der Hinthagone-Pagode ein Denkmal gesetzt. Im benachbarten Nat-Schrein zur Verehrung der Bago Maedaw können Sie mit etwas Glück ein Nat-Pwe mit tanzenden Medien erleben.

994 entstand der liegende Buddha **Shwethalyaung**. Mit 55 m Länge wirkt der ins Nirvana eingehende Buddha Bagos sehr lebendig und entspannt. Nach der Zerstörung Bagos 1757 überwucherte der Urwald die Statue. Wiederentdeckt wurde sie 1881 – beim Bau der Bahnlinie – und nach der Rekonstruktion mit einer schützenden Halle aus Eisen versehen. **50 Dinge** ㉜ › S. 15.

1476 ließ Bagos bedeutendster Herrscher, König Dhammazedi, die **Kalyani-Sima-Ordinationshalle** bauen, um den in sich gespaltenen Sangha (Mönchsorden) zu vereinen. Zehn Tafeln mit Inschriften in Mon und Pali berichten von dieser Zeit.

Die Geschichte der **Mahazedi-Pagode** gleicht einem buddhistischen Lehrstück über die Vergänglichkeit des Materiellen: 1560 mit unvorstellbarem Aufwand erbaut, um einen Zahn Buddhas zu beherbergen (der kriegsbedingt bald umziehen musste), wurde sie abwechselnd Opfer von Kampfhandlungen und Erdbeben. Erst in den 1990er-Jahren wurde sie endgültig fertiggestellt – vier Jahrhunderte nach dem Verlust der ursprünglichen Bestimmung der Pagode. Quasi als Entschädigung hat man die Mahazedi mit Stufen bis hinauf zur Glocke versehen, von wo aus leider nur Männer den grandiosen Blick über die Ebene wie die Pagodenlandschaft Bagos genießen können.

Die nahe, kleine **Shwegugale-Pagode** überrascht wiederum mit einem um die Basis des Stupa laufenden, angenehm kühlen Tunnel, in dem 64 Buddhafiguren sanft lächeln.

Ebenfalls im Jahr 1476 ließ Dhammazedi die **Kyaik-Pun-Pagode** errichten. Vier 30 m hohe Buddhas sitzen Rücken an Rücken nach den Himmelsrichtungen ausgerichtet und blicken stoisch über das weite Land. Die Pagode liegt etwas außerhalb der Stadt an der Straße nach Yangon und wird daher von Rikschafahrern und Pferdekutschern, denen Sie sich für eine Tagestour anvertrauen sollten, gern »vergessen«. Stellen Sie Kyaik Pun daher am besten gleich an den Anfang Ihrer Rundfahrt.

Die spärlichen Überreste eines Palastes aus der Zeit der birmani-

Kyaik-Pun-Pagode in Bago

schen Besatzung im 16. Jh. wurden ausgegraben und der Palast daraufhin nachgebaut. Der neue **Kanbawzathadi-Palast** ist Geschmackssache, sein dazugehöriges Museum allerdings durchaus lohnend (Mi bis So 9–16 Uhr).

Hotel
Nan Thar Gardens €–€€
Weitläufige Anlage und große Zimmer.
• Yangon-Mandalay Rd. | Bago
  Tel. 09/428 177 21 77
  reservation.htg@gmail.com

Restaurant
Hanthawaddy €
Das stilvolle Lokal offeriert gute birmanische und thailändische Gerichte.
• 192 Hintha St. | Shin Sawbu Quarter
  Bago

Die »balancierende Pagode auf dem Goldenen Felsen«

Kyaik-htiyo (Goldener Felsen)
6 ⭐ [D8]

Auf einer flachen Kuppe in 1100 m Höhe, direkt am Rande eines Abgrundes, thront Myanmars sicherlich ungewöhnlichste Pagode, die Kyaik-htiyo. Ein goldener und an der Spitze mit Edelsteinen besetzter Stupa sitzt auf einem gewaltigen, mit Gold bedeckten Felsbrocken. Dass er die Jahrhunderte über an seinem Platz blieb, verdankt er einem Haar Buddhas, eingeschlossen im Stupa. Um das Heiligtum herum spielt sich das birmanische Leben pur ab: Schönheiten lassen sich fotografieren, alte Leute schlafen, die Jungen spielen Chinlon, Frauen erzählen, während ihre Männer (leider dürfen nur sie) zum Granitblock strömen, um ihn mit Blattgold zu bekleben.

Kaum eine Stelle, zu der die fantasievollen Erzähler keine Geschichte parat hätten. Als Ersatz für den im Dunkeln liegenden Ursprung dieses Pilgerortes muss eine kuriose Geschichte herhalten: Der legendäre König Tissa habe von einem Eremiten eine Haarreliquie Buddhas unter der Bedingung erhalten, einen seinem Schädel gleichenden Felsblock zu finden. Dies sei dem König mit Hilfe des obersten Nats gelungen, der auf dem Meeresgrund fündig wurde. Auch um die Karen-Prinzessin Shwanankyin ranken sich viele Legenden.

Yangon und der Süden Kyaik-htiyo (Goldener Felsen)

Schnell vergessen sind die Strapazen des Aufstiegs, wenn Sie sich von der Stimmung gefangen nehmen lassen. Versäumen sie nicht, die quirlige Pilgerstraße seitlich der Plattform mit unzähligen Restaurants und Unterkünften zu besuchen. Insbesondere zu Vollmondnächten im Winter machen sich Abertausende aus allen Landesteilen auf die Pilgerreise hierher.

Anreise

Lkw mit Holzbänken auf der Ladefläche starten ab dem Basecamp Kinpun in Richtung Goldenen Felsen. Je nach Besucherandrang verkehren sie in dichtem Abstand oder gar nicht – dann hilft nur Chartern. Die Laster fahren bis auf die obere Ebene. Mann kann aber das letzte Stück auch zu Fuß gehen (30 bis 40 Min.).

Hotels

Golden Rock Hotel €€
Guter Standard, aber schlechtere Lage oberhalb des zweiten Base Camp.
• Tel. 057/60491
  Tel. in Yangon 01/527379
  www.goldenrock-hotel.com

Mountain Top Hotel €€
Spartanisch, dafür toller Ausblick und mit ordentlichem Essen. Liegt nicht sehr weit von der Pagode.
• Kontakt wie Golden Rock Hotel

SEITENBLICK

Die Mon

Vermutlich wanderten die Mon vor dem ersten Jahrtausend aus Westchina ein und siedelten in Zentralthailand und an der Küste Süd-Myanmars. Ihre Städte lagen entweder an Flüssen oder am Meer. Sprachlich wird das Volk der Mon-Khmer-Gruppe zugeordnet. Gesichert ist, dass sie bereits sehr früh mit dem Theravada-Buddhismus in Kontakt kamen. Möglicherweise ist das Reich der Mon mit dem in einer srilankischen Chronik erwähnten Land Suvannabhumi (»Goldenes Land«) identisch. Dorthin sollen nämlich bereits im 3. Jh. v. Chr. die beiden indischen Mönche Sona und Uttara gereist sein, um die Lehre Buddhas zu verbreiten.

Handelskontakte nach Rom sind durch Münzfunde belegt, doch der wichtigste Partner im küstennahen Seehandel war zweifellos Indien. Von dort brachten Seefahrer und Mönche neben religiösen Ideen und architektonischen Konzepten auch die Schrift mit. Daraus entwickelte sich die Mon-Schrift und aus dieser wiederum das birmanische Alphabet, nachdem der Bagan-König Anawrahta 1057 das Mon-Reich eroberte.

Heute ist das Volk nur noch eine kleine Minorität. Die birmanischen Eroberer machten regelmäßig ihre Städte dem Erdboden gleich, viele Mon wurden vertrieben oder flohen nach Thailand. Mittlerweile droht den rund 1 Mio. Mon die völlige Assimilation, denn in ihren angestammten Siedlungsgebieten sind sie in der Minderheit und kaum mehr von den Bamar zu unterscheiden. Ihren bewaffneten Kampf um einen eigenen Staat mussten sie bereits vor Jahren aufgeben.

Decken Sie sich auf den Märkten – wie hier in Thaton – mit Früchten ein

Thaton [7] [D8]

Bereits im 3. Jh. v. Chr. gegründet, war die alte Mon-Stadt vermutlich bis zu ihrer Eroberung durch die Bamar im 11. Jh. Hauptstadt eines Mon-Reiches. Thaton liegt wie Bago nicht mehr am Meer, und von seiner Vergangenheit ist praktisch nichts erhalten. Stattdessen empfängt Sie ein angenehm schläfriges, üppig begrüntes Städtchen mit modrigen Villen, alten Teakbauten und einem lebendigen Markt wie eine Insel in der Zeit.

Rund um die Shwezayan-Pagode

Im Zentrum der Stadt erhebt sich der massige, vergoldete Stupa der **Shwezayan-Pagode.** Vom Originalbau ist nach zahlreichen Veränderungen leider nichts mehr zu sehen, doch das weitläufige, schöne Gelände mit der angrenzenden **Thagya-Pagode** beherbergt ein kleines Museum, eine große Anzahl von Tafeln mit Mon- und Pali-Inschriften aus dem 12. Jh. sowie eine Bibliothek.

Myathabeik-Pagode

Lange 904 Stufen führen hinauf auf eine Bergkuppe, gekrönt von der Pagode. Die Stufen sind überdacht, sodass Sie den Weg auch bei Regen und Hitze wagen können; unterwegs laden Bänke zur Rast ein, Erfrischungen erhalten Sie an Ständen. Die Schuhe dürfen Sie in der Tasche lassen: Pagodenaufgänge sind auch dann barfuß zu meistern, wenn sie sehr lang sind. Zur Belohnung winkt meditative Stille in einer fast immer menschenleeren Pagode, sodass Sie das Klingeln der Glöckchen wie das Zwitschern der Vögel ungestört genießen können. Wie auch die besonders schöne

Aussicht am späten Nachmittag auf das palmenbestandene Thaton, die Reisfelder sowie bei klarem Wetter auf den blauen Golf von Mottama (Martaban). Zum Vollmond im Januar/Februar wird drei Tage lang ein buntes Pagodenfestival gefeiert.

Hotel
Tain Pyar Guest House €
Freundlich geführtes Kolonialhaus mit 23 Zimmern.
• 381 Hospital St. | Thaton
  Tel. 057/40036

Restaurant
Yangon €
Uriges Gasthaus mit birmanischen und chinesischen Speisen.
• A Ledan St. | Thaton

Hpa-an 8 ★ [D8]

Die Hauptstadt des Kayin-Staates liegt am Thanlwin-Fluss an der Straße in Richtung Thailand. Abgesehen von ein paar wenigen Pagoden – wie etwa die **Shwe Yin Myaw** am Ostufer – besitzt sie keine nennenswerten Sehenswürdigkeiten, doch ist sie ein guter Ausgangspunkt für Ausflüge zu den landschaftlichen Attraktionen in der Umgebung, darunter interessante Höhlen und Karstberge.

Anreise
Zwischen Hpa-an und Mawlamyine empfiehlt sich eine etwa zweistündige Fahrt mit dem Charterboot auf dem Thanlwin.

SEITENBLICK

Die Karen (Kayin)

Die facettenreichste der großen Völkergruppen des Landes wird von der Regierung auf birmanisch Kayin genannt – ein Name, der auf wenig Gegenliebe stößt. Trotz ihres gemeinsamen Ursprungs, der in Westchina vermutet wird, zerfallen die Karen heute in etwa 20 Stämme mit sehr unterschiedlicher Sprache, Kultur und Kleidung. Während die Pwo Karen mehrheitlich in städtischen Gemeinschaften des Ayeyarwady-Deltas leben, von den Bamar kaum noch zu unterscheiden und wie diese meist Buddhisten sind, haben sich die Sgaw Karen, die Pa-O, die Kayah oder Karenni (»Rote Karen«) sowie die Karennet (»Schwarze Karen«) in Dörfern oder abgeschiedenen, winzigen Siedlungen in mittleren Berglagen entlang der thai-birmanischen Grenze niedergelassen und sind entweder zum Christentum bzw. Buddhismus konvertiert oder Animisten geblieben. Aus ihren Reihen rekrutieren sich die berühmtesten Elefantenreiter (Oozies) des Landes.

Nach der Unabhängigkeit Myanmars bestanden die Karen auf zwei eigenständige Staaten: Kawthoolei und Karenni. Die Autonomie wurde ihnen jedoch verwehrt, und bereits seit 1949 leisten sie bewaffneten Widerstand. Doch sie vermochten sich nie wirklich zu einigen und leiden zudem unter Machtkonflikten zwischen Buddhisten und Christen. Das auffälligste Produkt der Karen ist eine grob gewebte, entlang der Säume mit Fransen versehene, grellbunte Tunika, die landesweit auch von anderen Volksgruppen gern getragen wird.

Hotel

Zwekabin Hotel €–€€
Stilvolle Bungalowanlage in schöner Karstlandschaft, etwas außerhalb von Hpa-an.
- Mawlamyine Rd. | Hpa-an
  Tel. 058/22556

Restaurant

Five Star €
Biergarten mit Fassbier und Barbecue.
- nordöstlicher Stadtrand | Hpa-an

Ausflüge von Hpa-an

Im Süden der Stadt erhebt sich inmitten von Reisfeldern der eigentümlich geformte, fast 700 m hohe **Zwe-Kabin-Berg** mit einem buddhistischen Heiligtum auf seinem Gipfel. Der mühsame Aufstieg dorthin wird nach zwei Stunden mit einem herrlichen Panorama belohnt.

Etwa 20 km in Richtung Thaton zweigt ein Weg zu einem Kloster ab, von dem aus Sie die etwas erhöht liegende, 200 m lange **Bayin-Nyi-Höhle** besuchen können. Wenn der Stromgenerator funktioniert, können Sie die zahlreichen Buddhafiguren im Inneren bestaunen – falls Ihnen die Füße nicht schmerzen, denn man darf nur barfuß hineingehen. Das gilt auch für die hallenartige **Kaw-Gun-Höhle**, die nur 6 km von Hpa-an jenseits des Thanlwin liegt. Die Schmerzen sind jedoch schnell vergessen, wenn Sie die 10 000 Buddhareliefs aus Ton an den Felswänden sehen. Sie sollen aus dem 15. Jh. stammen.

Eines der kuriosesten Heiligtümer erhebt sich 10 km südwestlich von Hpa-an: **Kyaukkan Lat**. Ein Fels, der sich wie eine verdickte Nadelspitze in den Himmel erstreckt – natürlich mit vergoldetem Stupa oben drauf – und sich zum Ende der Regenzeit wunderbar im umgebenden Wasser spiegelt.

Mawlamyine 9 ★ [D9]

»By the old Moulmein Pagoda, looking lazy at the sea …« dichtete einst Rudyard Kipling in seinem wehmütigen Lied »Road to Mandalay«. Nostalgische Erinnerungen werden auch heute noch wach, wenn man entlang der von Kolonialhäusern gesäumten Straßen von Mawlamyines schlendert. Die Hauptstadt des Mon-Staates liegt umrahmt von Bergen an der Mündung der Flüsse Thanlwin und Gyaing in den Golf von Mottama (Martaban). Bereits vor über 2000 Jahren war sie ein bedeutendes Handelszentrum der Mon und wurde entsprechend häufig erobert. Lange Zeit stand sie unter Kontrolle der Siamesen, 1826 errichteten die Briten hier ihre erste Kolonialverwaltung.

Stadtrundgang

Von einer Hügelkette, die sich hinter der Stadt parallel zum Thanlwin entlangzieht, bietet sich eine hervorragende Sicht auf Fluss und Stadt. Oben reiht sich eine ganze Kette von Pagoden, Stupas und Andachtsstätten aneinander. **50 Dinge** ② › **S. 12.** Sie beginnt im Norden

Yangon und der Süden Ausflüge von Mawlamyine

Der liegende Buddha von Mudon

mit der **Maha-Myat-Muni-Pagode**. Ihr zentraler Buddha ähnelt dem Mahamuni-Buddha in Mandalay. Er trägt eine Krone sowie über Brust und Bauch laufende Gurte aus Gold und mit Edelsteinen verziert.

Die nahe **Kyaik-Thanlan-Pagode** zählt zu den hübschesten Sakralbauten der Region. Von einer Befestigungsmauer umgeben, umfasst der Komplex zahlreiche Holzgebäude des 18. und 19. Jhs., in Rot und Gold lackiert, teilweise von fantasievoll gearbeiteten, vielstufigen Dächern bekrönt. Ein überdachter Zugang auf der Südseite führt zum **Seindon-Myosa-Kloster** mit tollem Palastinterieur und Schnitzwerk, das eine der Gattinnen des Königs Mindons nach ihrer Flucht hierher

Ende des 19. Jh. stiftete. **50 Dinge** ㉕ › **S. 15**. Weiter nach Süden überqueren Sie eine kleine Straße und gelangen dann zur **U-Zina-Pagode**, die den Symbolen von Verfall und Entsagung in der Form des Alten, des Kranken, des Toten und des Asketen gewidmet ist.

In den dunklen Gassen der Altstadt mit ihren dicht gedrängten Holzhäusern spielt sich das urbane Leben der Mon ab – besuchen Sie unbedingt eine der **Teestuben**. Das Gleiche gilt für den quirligen **Markt**.

Im **Mon Cultural Museum** kann man sich Trachten und Gebrauchsgegenstände ansehen (Di–So 9.30 bis 16 Uhr).

Hotels

Mawlamyaing Strand Hotel €€
Schickes Geschäftshotel mit Flussblick und 57 Zimmern.
- Strand Road | Mawlamyine
Tel. 057/25624
www.mawlamyaingstrand.com

Cinderella Hotel €
Das Hotel liegt zentral in der Stadt, die 22 Zimmer mit Myanmar-Dekor sind ansprechend eingerichtet.
- 21 Baho Rd.
Mawlamyine
Tel. 057/24860
www.cinderellahotel.com

Ausflüge von Mawlamyine

Die folgenden Orte können im Rahmen eines Tagesausflugs von Mawlamyine aus besucht werden.

Mudon 10 [D9]

Eine Guinness-Buch-verdächtige Darstellung des Erleuchteten befindet sich nahe Mudon, etwa 30 km südlich von Mawlamyine. Dort schmiegt sich seit 1991 der mit 180 m weltweit größte liegende Buddha an einen Berghang. In dessen Körper befinden sich über 180 Räume mit buddhistischen Reliefs und Statuen. Die Initiative des noch unfertigen Projektes geht auf den 2015 verstorbenen Win Sein Tawya Sayadaw zurück.

Kyaikhami 11 [D9]

Im einstmals »Amherst« genannten Badeort steht der **Yele-Paya-Buddha**. Als der König von Sri Lanka 1418 eine gute Tat verrichten wollte, so die Legende, ließ er vier Buddhastatuen auf Flößen aufs Meer setzen. Sie sollten am Ort ihrer Landung zur Verankerung des Buddhismus beitragen. Die erste landete in Kyaikhto, die zweite in Dawei, die dritte in Pathein und die vierte in Kyaikhami.

Setse 12 [D9]

Der ❗ breite Strand von Setse, 60 km südlich von Mawlamyine, war schon bei den Kolonialoffizieren beliebt: mehrere Kilometer von Kokospalmen und Kasuarinen gesäumter Sand – und weit und breit kein Tourist, aber leider auch keine Unterkunft mit Ausländerlizenz.

Thanbyuzayat 13 [D9]

Hier endete die 1943 fertiggestellte, sogenannte »Todesbahn«, die von Thailand am River Kwai entlang nach Myanmar führte. Zehntausende Kriegsgefangene kamen beim Bau ums Leben. 3771 von ihnen sind auf dem Alliiertenfriedhof bestattet. Die Reste der Bahnlinie sowie eine alte japanische Dampflokomotive können Sie im Museum südlich des Stadtzentrums besichtigen.

Dawei 14 [E10]

Die hübsche Stadt mit viel tropischem Kolonialflair ist ein wahres Schmuckstück, weshalb sie trotz fehlender Sehenswürdigkeiten ein durchaus lohnenswertes Ziel ist.

Hauptattraktion in der Umgebung ist der ❗ **herrliche Strand von Maungmagan**, 45 Fahrminuten nordwestlich von Dawei: viele Kilometer feiner Sand, sich endlos aneinanderreihende Buchten, hier und dort ein Fischerdorf. Die Einwohner vermieten schlichte Teakbungalows am Strand. In den Lokalen bekommt man herrliches Seafood serviert.

Die Übernachtung in den Strandbungalows von Maungmagan ist nicht immer erlaubt. Besser vorher in den Unterkünfte von Dawei › S. 81 fragen, dort sollte der aktuelle Stand bekannt sein.

Anreise

Von Yangon bestehen regelmäßige Flugverbindungen nach Dawei. Die Anreise über Land ist aus Sicherheitsgründen nicht erlaubt. Schnellboote verkehren außerdem nach Myeik (ca. 4 Std.) › S. 82.

Yangon und der Süden Myeik

Exotische Unterwasserwelt im Myeik-Archipel

Hotels

Garden Guest House €
Freundliches Gästehaus in einem alten Kolonialgebäude mit modernem Anbau.
- 88 Ye Rd. | Dawei
  Tel. 059/22116

Golden Guest Hotel €
Das 2007 eröffnete Hotel zählt zu den besten Unterkünften des Ortes und bietet 15 komfortable Zimmer.
- 59 Myote Dwin St. | Dawei
  Tel. 059/21351

Myeik 15 [E11]

Die von Einheimischen »Beik« und unter den Kolonialherren einst »Mergui« genannte Hafenstadt war über Jahrhunderte hinweg ein wichtiger Zwischenstopp für die Handelsschiffe zwischen Indien und China. Geschützt von einigen vorgelagerten Inseln erstreckt sich die Stadt entlang der Mündung des Tanintharyi-Flusses. Ihre mehr als 270 000 Einwohner leben vom natürlichen Reichtum der Küstenregion – vor allem von Meeresfrüchten, Kautschuk und den in Ostasien beliebten Schwalbennestern. Hauptsehenswürdigkeit von Myeik ist die am Berg gelegene **Theindawgyi-Pagode.**

Anreise
Per Flugzeug oder per Schnellboot aus Dawei oder Kawthoung.

Hotels

Kyai Pyan Hotel €
Gut geführte Bleibe mit 40 Zimmern, die nur teilweise klimatisiert sind.
- 58 Gon Yone Rd. | Myeik
  Tel. 059/41427

Dolphin Hotel €
Ruhig gelegenes Gästehaus mit 18 nüchtern eingerichteten, überteuerten Zimmern.
- 139 Kanphayr Rd. | Myeik
  Tel. 059/41523

Myeik-Archipel

16 ⭐ [E11]

Myeik, Kawthoung sowie das thailändische Phuket sind Ausgangspunkte für die Erkundung des Myeik-Archipels. Mit über 800 Inseln, fantastischen Tauchgründen, tiefgrünen Mangrovenwäldern und undurchdringlichen Dschungellandschaften zählt er zu den faszinierendsten Meereslandschaften Asiens. Nur wenige Inseln des 36 000 km² großen Gebiets sind bewohnt, meist von Moken (birm. Salon), einem Seenomadenvolk, das vom Fischfang, Perlentauchen und Schwalbennest-Handel lebt. **Lampi Kyun**, mit 90 km Länge und 8 km Breite eine der größten Inseln, zählt mit schönen Sandstränden und einem artenreichen Dschungel zu den reizvollsten Orten Süd-Myanmars. Sie können den Archipel nicht auf eigene Faust erkunden. Holen Sie vorher bei spezialisierten Veranstaltern die Angebote ein › **Kasten**.

Kawthoung **17** [E13]

Nur durch die breite Mündung des Pakchan-Flusses ist Kawthoung – früher Victoria Point – vom thailändischen Grenzort Ranong getrennt und daher ein beliebter Ort für Schmuggler, Händler und Glücksspieler. Ausländische Touristen können hier ein- und ausreisen. Am südlichsten Zipfel des kleinen Hafens steht eine Statue des Königs Bayinnaung mit gezücktem Schwert – was die thailändischen Nachbarn nicht gern sehen, denn schließlich okkupierte der Herrscher im 16. Jh. weite Teile ihrer Heimat.

Der Ort bietet außer Shopping kaum Attraktionen, weshalb die meisten Touristen gleich weiter auf eine der nahen Inseln fahren.

Hotel

Andaman Club €€€
Das große Resort liegt auf der Thathay-Insel und ist wegen Golfplatz und Kasino unter Thais sehr populär.
- Thathay Kyun | Tel. +66/2/2873031 Reservierung Tel. 01/572535 www.andamanclub.com

> **SEITENBLICK**
>
> ### Tauchtouren
>
> Je nach Veranstalter ist man auf komfortablen Jachten meist zwischen 5 und 12 Tage unterwegs. Angesteuert werden nahezu unberührte Tauchgründe in bis zu 40 m Tiefe, wo es neben bunten Fischschwärmen auch Haie, Adlerrochen und Mantas zu sehen gibt. Zu den bekanntesten Revieren zählen die Great Western Torres und Northern Little Torres, der Black Rock, die Nar-Nat-Three-Insel, Shark Cave und Western Rocky, ein unter der Insel hindurchführender Tunnel.
>
> - **Asia Whale**
>   83 A 8th St. | Yangon
>   Tel. 01/226069
>   www.myanmarasiatravel.com
> - **Moby Dick Tours**, FJVC Centre, 422-426 Strand Rd. | Yangon
>   Tel. 01/202064;
>   19-1 Bogyoke Rd. | Kawthaung,
>   Tel. 09/5091672

ZENTRAL-MYANMAR

Kleine Inspiration

- **Sich von der Abendstimmung** an der Shwesandaw in Pyay verzaubern lassen › S. 88
- **Mit der Kutsche** eine Besichtigungstour durch Bagan unternehmen › S. 97
- **In der Umgebung von Monywa** einen Höhlen-Buddha entdecken › S. 100
- **Auf einer Bootsfahrt** auf dem Ayeyarwady nach Mingun schippern › S. 107
- **In Amarapura** einen fein gewebten Longyi kaufen › S. 108

Tour 3 | 4 **Zentral-Myanmar**

In den weiten Ebenen Zentral-Myanmars reihen sich die geschichtsträchtigsten Orte des Landes wie Perlen einer Kette entlang des Flusses Ayeyarwady und zeugen von Myanmars wechselvoller Vergangenheit.

Im Gegensatz zur Küste und zum Delta wirkt die Landschaft in Zentral-Myanmar ziemlich karg. Dies liegt daran, dass die Niederschläge selbst während der Regenzeit zwischen Juni und Oktober nur unregelmäßig niedergehen – nicht einmal 1000 mm sind es im Jahr. Verantwortlich sind die bis zu 3000 m hohen Berge des Rakhine Yoma, die sich entlang der Westküste erstrecken und die schweren Regenwolken abhalten.

Auf dem Weg von Yangon nach Bagan kommt man durch **Pyay,** in dessen Nachbarschaft **Thayekhittaya** liegt. Der auch als »Sri Ksetra« bekannte Ort war im ersten Jahrtausend die bedeutendste Metropole der Pyu. Nächste Station ist die Provinzhauptstadt **Magwe.**

Sie lieben urige Holzklöster unter Palmen? Dann fahren Sie zwischen Magwe und Bagan entlang der Westseite des Ayeyarwady. Dort werden Sie in den verschlafenen Orten **Salin, Legaing** und **Sagu** fündig. Ein schöner Tagesausflug führt in die urige Klosterstadt **Sale** und weiter zum »Blumenberg«, **Mount Popa,** der Heimat der Nats. Die vielen Monumente **Bagans** konnten über Jahrhunderte ihren Zauber bewahren und sind UNESCO-Weltkulturerbe. Typisch birmanischem Leben beggenen Sie in weiteren Städten am Ayeyarwady. Sie sind allesamt arm an Sehenswürdigkeiten, dafür reich an Atmosphäre: **Pakokku,** 30 Fahrminuten nordwestlich von Bagan ist berühmt für seine Mönchsuniversitäten.

Fast 300 km weiter nördlich liegt ebenfalls am Lebensstrom Myanmars die zweitgrößte Metropole: **Mandalay.** Die unzähligen Tempel und die Mauern des ehemaligen Palastes sind bleibende Erinnerungen an Myanmars letzte Könige, die hier nur knapp 30 Jahre residierten. In der Umgebung Mandalays rühmen sich drei Orte als einstige Residenzen der Monarchen – obwohl heute kaum etwas daran erinnert: **Amarapura,** eine der wichtigsten Produktionsstätten für Longyis; **Inwa,** über 400 Jahre der politische Nabel Myanmars, heute ein ländlicher Flecken; und **Sagaing** mit Hunderten von Nonnen- und Mönchsklöstern.

Oben: Löwenfigur an der Pagode von Inwa
Links: Mount Popa – Wohnsitz der Nats

Zentral-Myanmar   Tour 3 | 4

Touren in der Region

Tour ③

Myanmars kulturelles Herz

Yangon › Pyay › Magwe › Bagan

Tour ④

Westlich des Ayeyarwady

Bagan › Pakokku › Monywa › Sagaing › Mandalay

Touren in der Region

Tour 3: Myanmars kulturelles Herz

Route: Yangon › Pyay › Magwe › Bagan

Karte: Seite 86
Länge: 700 km
Dauer: 4 Tage
Praktische Hinweise:
- Für diese Fahrt benötigen Sie einen Mietwagen mit Fahrer.
- Die Strecke Yangon–Pyay ist sehr gut ausgebaut, ab Pyay wird es schlecht.
- Zwischen Magwe und Bagan empfiehlt sich die Route westlich des Ayeyarwady.

Tour-Start:

Von **Yangon** › S. 60 fahren Sie ins 288 km nördlich gelegene **Pyay 1** › S. 88, bekannt wegen der wunderschönen Shwesandaw-Pagode, noch mehr aber wegen der Ruinen der alten Pyu-Stadt Thayekhittaya (Sri Ksetra). Am nächsten Tag benötigen Sie für die 244 km lange Strecke nach **Magwe 2** › S. 89 gutes Sitzfleisch. Am 3. Tag sollten Sie über die Brücke nach Minbu weiterfahren und die parallel zum Ayeyarwady führende Route nach Norden nehmen, um die interessanten Holzklöster in **Sagu 4**, **Legaing 5** und **Salin 6** › S. 89 zu sehen. Über die Brücke bei Chauk überqueren Sie wieder den Ayeyarwady und besuchen das nur 8 km südlich von Chauk gelegene **Sale 8** › S. 89 mit seinen sehenswerten Sakralbauten. Nur 40 km nördlich davon erstreckt sich das Pagodenfeld von **Bagan** › S. 90.

Tour 4: Westlich des Ayeyarwady

Route: Bagan › Pakokku › Monywa › Sagaing › Mandalay

Karte: Seite 86
Länge: 430 km
Dauer: 3 Tage
Praktische Hinweise:
- Für diese Strecke empfiehlt sich ein Mietwagen mit Fahrer.
- Alternativ zur Autofahrt können Sie auch zunächst per Charterboot (2 Std.) nach Pakkoku reisen.
- Insgesamt sind die Straßen für birmanische Verhältnisse in Ordnung.

Tour-Start:

Wenn Sie sich von den Klöstern und Pagoden **Bagans 7** › S. 90 losreißen können, geht die Reise zunächst nach **Pakokku 10** › S. 99 auf der anderen Flussseite. Dort können Sie nach einer kurzen Besichtigungstour direkt weiter in die aufstrebende Handelsstadt **Monywa 11** › S. 100 fahren (240 km, 4–5 Std.). Den 2. Tag verbringen Sie mit Besichtigungen rund um die Stadt am Chindwin-Fluss, etwa der interessanten Höhlen von Hpo Win Daung › S. 100. Am 3. Tag fahren Sie dann weiter nach Mandalay. Auf dem Weg dorthin besuchen Sie **Amarapura** 14 › S. 108, das Zentrum der Longyi-Produktion, genießen dem Blick vom Hügel in Sagaing › S. 95 und machen eine Kutschfahrt in **Inwa** 15 › S. 108, bevor Sie **Mandalay** 12 › S. 101 erreichen.

Unterwegs in Zentral-Myanmar

Pyay 1 [C7]

Spätestens beim Sonnenuntergang an der vergoldeten Shwesandaw-Pagode werden Sie froh sein, in der ansonsten wenig interessanten Stadt am Ayeyarwady einen Halt eingelegt zu haben. Der Sakralbau zählt zu den schönsten in Zentral-Myanmar. Zwei riesige Chinte-Löwen am Nordaufgang lassen keinen Zweifel an ihrer Wächterfunktion durch die grotesk dargestellten Kadaver eines Tigers und eines Krokodils im Maul. Der Rundgang zwischen den Schreinen entlang der Außenmauer führt um einen Kranz aus Buddhastatuen und mit goldenen Htis (Schirmen) gekrönten kleinen Stupas um die Basis.

Thayekhittaya (Sri Ksetra) ★

Etwas außerhalb Pyays stehen die imposanten Überreste des religiösen und politischen Zentrums der untergegangenen Pyu, die bereits lange vor den Bamar in der Region herrschten. Die kegelförmige **Payagyi**, die »Große Pagode«, thront stattliche 50 m hoch an der nördlichen Ausfallstraße wie ein monströser Karamellpudding. Die etwas elegantere, aber genauso massige **Payama** ragt einige Kilometer weiter, abseits der Straße, aus den Reisfeldern.

Feine Schnitzereien am Holzkloster in Sagu

Karte S. 86 — Magwe, Minbu, Sagu, Legaing, Salin **Zentral-Myanmar**

Ein abzweigender Weg zwischen beiden Kolossen führt zu einem kärglichen **Museum** mit Ausgrabungsstücken der Pyu-Kultur. Per Ochsenkarren können Sie sich zu weiteren, zwischen Büffelsuhlen und ausgedehnten Baumwollfeldern versteckten Monumenten bringen lassen: Die 45 m hohe, zylindrische **Bawbawgyi** gemahnt in ihrer plumpen Form an einen Wehrturm des europäischen Mittelalters. Die deutlich kleinere, würfelförmige **Be-Be-Pagode** direkt nebenan trägt einen konischen Aufsatz, ein Konzept, das wahrscheinlich den wichtigsten Bauten Bagans als Vorbild gedient hat. Ein kurzes Stück weiter steht der **Lemyethna**, ein flacher, halbkugeliger Bau. Die Pagode wird im Innern von einem mächti-gen Pfeiler getragen, an dessen vier Seiten noch die Reste von Buddhareliefs zu erkennen sind. Die Pyu-Monumente werden zwischen das 3. und 9. Jh. datiert.

Hotels
Mingalar Garden Resort €€
Hübsche Bungalowanlage an einem See.
- Tel. 053/22716 | außerhalb von Pyay

Greenland Villa Resort €
Hotel mit einfachen, ordentlichen Zimmern unweit der Ruinen.
- Pyay Aunglan Highway | Pyay
  Tel. 053/24566

Restaurant
Mey Wet War Restaurant €
Beliebtes Lokal mit guter Landesküche. Englisch sprechende Bedienung.
- gegenüber der Post | Pyay

Magwe 2 [C6]

Die Hafenstadt am Ayeyarwady eignet sich als Übernachtungsstopp auf der Fahrt zwischen Yangon und Bagan. Schlendern Sie entlang der **Strand Road** am Fluss, besuchen Sie den lebendigen **Myoma-Markt** oder lassen Sie sich gefangen nehmen von der herrlichen Abendstimmung rund um den vergoldeten Stupa der im 11. Jh. gestifteten **Mya-Tha-Lun-Pagode** im Norden der Stadt.

Hotel
Phan Khar Myay Hotel €€
Liegt im östlichen Zentrum und verfügt über 20 freundliche Zimmer.
- Myopark Rd.
  Magwe
  Tel. 063/23497

Minbu 3 [C6]

Hinter Magwe können Sie über eine Brücke die Flussseite wechseln und nach Minbu weiterreisen, das in erster Linie wegen seiner Schlammvulkane bekannt ist.

Sagu 4 [C6], Legaing 5 [D6] und Salin 6 [C6]

Sollten Sie per Mietwagen unterwegs sein, können Sie die Route entlang der westlichen Ayeyarwady-Seite nach Bagan wählen, denn dort gibt es einige interessante Holzklöster zu sehen, etwa in **Sagu**, das dank eines ausgeklügelten Bewässerungssystems auch ein prosperierender Ort ist. Im 19. Jh. war hier ein Zentrum buddhistischer Gelehrsamkeit. Daran erinnert noch der Maha Dhammikayama Kyaung, heute eine aktive Mönchsschule, und einige hundert Meter weiter östlich der 1886 erbaute **Hman Khin Youk-soun Kyaung** mit ! herrlichen Schnitzarbeiten an den Balustraden. **Legaing**, ein kleiner Weiler einige Kilometer weiter, birgt mit dem 1891 gestifteten Youk-soun Kyaung ein weiteres Holzkloster, das jedoch schon ziemlich zerfallen ist. In **Salin** steht seit 1868 der **Myaw Hlesin Kyaung** südlich eines Sees mit ! schönen Holzschnitzereien an der Verandabalustrade.

> **! Erstklassig**
>
> **Hübsche Holzklöster**
>
> - In Salin empfiehlt sich ein Besuch des **Myaw Hlesin Kyaung**. › S. 90
> - Auch der **Hman Khin Youk-soun Kyaung** in Sagu › S. 90 birgt feinstes Schnitzwerk.
> - In Alt-Bagan liegt der **Nat Htaung Kyaung** versteckt in einem lauschigen Garten. › S. 93
> - Als Museum für Buddhafiguren dient der **Youk-soun Kyaung** in Sale. › S. 98
> - Der **Bagaya Kyaung** in Inwa ruht auf 267 mächtigen Teakholzsäulen. › S. 109
> - Der **Shwe Yan Bye Kyaung** bei Nyaung Shwe am Inle-See ist mit seinen ovalen Öffnungen ein beliebtes Fotomotiv. › S. 116

Bagan 7 ⭐ [C6]

In einer beispiellosen Bauwut errichteten die Bamar vom 11. bis zum 13. Jh. unzählige Klöster und Pagoden. Heute sind davon »nur« etwa 3000 erhalten geblieben – in ihrer Gesamtheit immer noch die bedeutendsten Zeugnisse birmanischer Kultur. Bagan wurde schon vor langer Zeit aufgegeben. Die Häuser und Paläste, ehedem sämtlich aus Holz und Bambus gebaut, sind restlos verschwunden. Die gemauerten Sakralbauten wurden 1975 bei einem Erdbeben beschädigt, seitdem jedoch restauriert. Die fantastischen Monumente, Inbegriff des Nationalstolzes und größte Touristenattraktion des Landes, stehen in einer weiten Ebene östlich des Ayeyarwady verlassen inmitten karger Felder, auf denen Ziegen- und Rinderherden weiden. Die roten Ziegelbauten fangen auf der rötlichen Erde atemberaubende Sonnenauf- und -untergänge ein. Um die einmalige Stimmung dieses architektonischen Weltwunders am Ayeyarwady einzufangen, sollten Sie sich genügend Zeit lassen.

Geschichte

Vermutlich seit Beginn unserer Zeitrechnung von den Pyu besiedelt, schloss die Niederlassung wahrscheinlich einen Bund mit dem damals viel bedeutenderen Sri Ksetra › S. 88. Die Errichtung der teilweise noch erhaltenen Stadtmauern ist für 849 verbürgt, als die Bamar die Region zu dominieren begannen. Ihr erster bedeutender König, Anawrahta, wurde im 11. Jh.

Bagan **Zentral-Myanmar**

Bagan: Pagoden bis zum Horizont – im Zentrum der Dhammayangyi

vermutlich von einem Mon-Lehrer zum Theravada-Buddhismus bekehrt. Anawrahta verhandelte mit der Mon-Stadt Thaton um die Überlassung des buddhistischen Kanons, der Tripitaka. Als er keinen Erfolg sah, griff der glühende Verehrer Buddhas zum unbuddhistischsten aller Mittel: dem Krieg. Nach der Zerstörung Thatons ließ er Schriften samt König und Handwerker der Mon in das damals noch unscheinbare Bagan bringen.

Unter ihm und seinen Nachfolgern entwickelte sich die Stadt während der nächsten 200 Jahre zu einer der herrlichsten Metropolen Asiens, in der sich Architektur der Pyu und Kunstschaffen der Mon vollendet ergänzten. Doch im Jahr 1287 war Bagans Schicksal besiegelt. Gegen die anrückenden Truppen Kublai Khans war es nicht zu halten. Die Mongolen, selber Buddhisten, fügten dem Wunderwerk zwar keinen Schaden zu, doch konnte keines der späteren Reiche Birmas den ungeheuren Aufwand zur Erhaltung der Bauten leisten, sodass ihnen erst in der Gegenwart wieder Würdigung zuteil wird. Doch auch hier war Bagan glücklos: Während einige zentrale Bauten mit internationaler Hilfe sehr gelungen restauriert werden konnten, ließ die Militärjunta an den weniger wichtigen Bauwerken während der vergangenen Jahre planlos Handwerker arbeiten, deren »Neuschöpfungen« scheußlich aussehen.

Der Norden Bagans

Etwas abseits liegt der ❗ Höhlentempel **Kyauk-gu Umin** Ⓐ in einem Taleinschnitt nördlich der Stadt Nyaung U. Wohl im 12. Jh. entstanden, dienten die schmalen Gänge in seinem Inneren den Mönchen der Meditation. Die **Shwezigon** Ⓑ aus dem 11. Jh. gilt als Vorbild aller späteren birmanischen Sakralbauten und zählt zu den wenigen historischen Bauten Bagans, die noch in Funktion sind. Der ❗ **vergoldete Stupa** fällt recht massig aus, was ihn nur umso reizvoller macht. Dass die 37 Nats im religiösen System insti-

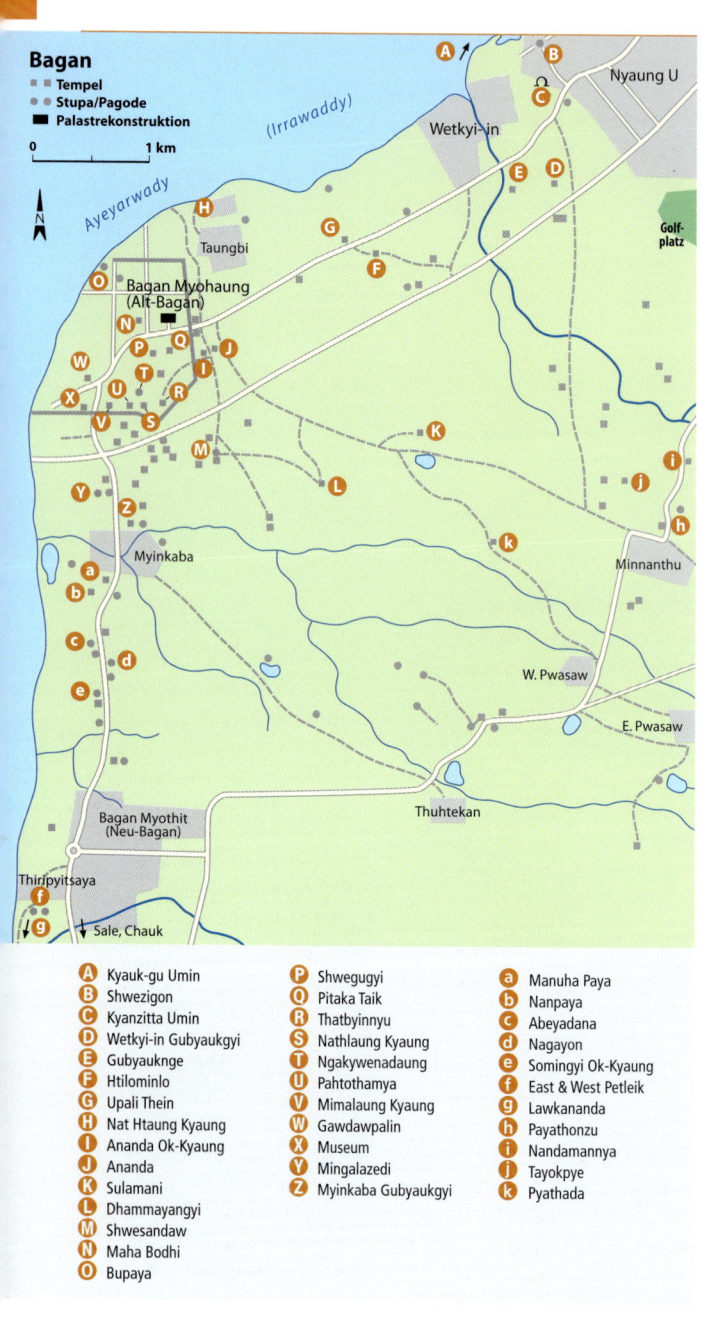

Bagan

- ■ ■ ■ Tempel
- ● ● ● Stupa/Pagode
- ■ Palastrekonstruktion

0 — 1 km

- **A** Kyauk-gu Umin
- **B** Shwezigon
- **C** Kyanzitta Umin
- **D** Wetkyi-in Gubyaukgyi
- **E** Gubyauknge
- **F** Htilominlo
- **G** Upali Thein
- **H** Nat Htaung Kyaung
- **I** Ananda Ok-Kyaung
- **J** Ananda
- **K** Sulamani
- **L** Dhammayangyi
- **M** Shwesandaw
- **N** Maha Bodhi
- **O** Bupaya
- **P** Shwegugyi
- **Q** Pitaka Taik
- **R** Thatbyinnyu
- **S** Nathlaung Kyaung
- **T** Ngakywenadaung
- **U** Pahtothamya
- **V** Mimalaung Kyaung
- **W** Gawdawpalin
- **X** Museum
- **Y** Mingalazedi
- **Z** Myinkaba Gubyaukgyi
- **a** Manuha Paya
- **b** Nanpaya
- **c** Abeyadana
- **d** Nagayon
- **e** Somingyi Ok-Kyaung
- **f** East & West Petleik
- **g** Lawkananda
- **h** Payathonzu
- **i** Nandamannya
- **j** Tayokpye
- **k** Pyathada

tutionalisiert sind, zeigt ein Schrein auf dem Pagodengelände. Die vier rund um den Stupa in Schreinen stehenden Bronzebuddhas sind typisch für die Frühzeit Bagans. **50 Dinge** ㉝ › S. 16.

Der ebenfalls in der Frühzeit entstandene Höhlentempel **Kyanzitta Umin** C war Teil einer Klosteranlage und diente den Mönchen als Ort der Meditation. Die Malereien des Tempels wurden vermutlich erst im 13. Jh. geschaffen und stellen unter anderem mongolische Krieger dar.

Wetkyi-in Gubyaukgyi D (13. Jh.) zeichnet sich durch besonders gut erhaltene Wandmalereien aus, **Gubyauknge** E (frühes 12. Jh.) hingegen durch feine Stuckarbeiten. Der **Htilominlo** F (1211 vollendet) ist mit 46 m Höhe der letzte der großen Bauten Bagans. Er beherbergt, nach den Himmelsrichtungen ausgerichtet, je vier Buddhas im Unter- und Obergeschoss.

Upali Thein G ist eine erst im 18. Jh. erbaute Ordinationshalle. Diese Ordinationshallen waren fast immer aus Holz und originellerweise hat man im Dach dieses Ziegelbaus das Erscheinungsbild der Holzarchitektur präzise nachempfunden.

Das Zentrum

Nahe dem Dorf **Taungbi** nordöstlich von Alt-Bagan (nicht weit vom Ayeyarwady) ist das aktive Holzkloster **Nat Htaung Kyaung** H (19. Jh.) sehenswert. Es liegt inmitten eines Hofes ❗ unter großen Padauk-Bäumen. **Ananda Ok-Kyaung** I ist ein zwischen 1775 und 1786 erbautes Klostergebäude mit ❗ außergewöhnlichen Malereien – vorwiegend Jataka-Geschichten.

Als Krönung der frühen Bauten gilt der **Ananda** J (1090 eingeweiht) mit seiner für Bagan typischen maiskolbenartigen Spitze *(shikhara)*. Das 51 m hohe und im Grundriss einem griechischen Kreuz nachempfundene Bauwerk ist den vier bisherigen Buddhas gewidmet. Ihre 9,5 m hohen Teakstatuen stehen im Untergeschoss, wobei nur die beiden Figuren am Nord- und Südportal Originale sind. Bemerkenswert sind die grün glasierten Terrakottatafeln mit Darstellungen aus dem Leben Buddhas, die sich um Basis und Terrassen zie-

> **Erstklassig**
>
> ### Bagans schönste Tempel
>
> - Hunderte von Jahren Einsamkeit: der abseits gelegene Höhlentempel **Kyauk-gu Umin**. › S. 91
> - Von Weitem leuchtet der goldene Stupa der **Shwezigon**. › S. 91
> - Vielfach kopiert, doch niemals erreicht: der berühmte **Ananda**. › S. 93
> - Die massive Tempelpyramide des **Dhammayangyi** liegt verloren im Feld. › S. 94
> - Von der **Shwesandaw** bieten sich Ihnen tolle Aussichten. › S. 94
> - Der **Thatbyinnyu** ist Bagans höchster Tempelbau. › S. 95
> - Die schönsten Wandgemälde können Sie im **Myinkaba Gubyaukgyi** bewundern. › S. 96

hen, sowie die vier gewaltigen Teakholztore des Untergeschosses. Zum Dezember-/Januar-Vollmond wird der Ananda mit einem riesigen Fest samt großem Jahrmarkt gewürdigt.

Der zweigeschossige **Sulamani** ❼ (spätes 12. Jh.) ist nach dem himmlischen Palast des Hindugottes Indra benannt. Der lichte Bau aus der späteren Bauphase birgt ebenfalls vier große Buddhastatuen. Die verblassten Malereien sind Kreationen des 18. Jhs. Von vielen wird der **Dhammayangyi** ❽ (spätes 12. Jh.) als ❗ eindrucksvollster Tempel Bagans gepriesen. In seiner wuchtigen Konstruktion beinahe Angst einflößend, ähnelt sein Aufbau dem Ananda. Die zentralen Passagen wurden aus ungeklärten Gründen wohl gleich nach der Fertigstellung mit Schutt zugeschüttet und verschlossen. **Shwesandaw** ❾ (spätes 11. Jh.) trägt einen runden Stupa auf fünf quadratischen Terrassen. Der Bau aus Bagans Frühzeit ist mit Treppen versehen und ❗ bietet einen der besten Aussichtspunkte.

> **SEITENBLICK**
>
> ### Der schrille Kult der Nats
>
> Weder mäßigende Buddhisten noch drohende Herrscher haben es schafft, den schrillen und ekstatischen Nat-Kult zu verdrängen. Wer jemals einen *nat pwe* mit der ohrenbetäubenden Musik und dem wilden Tanz der *nat gadaws* miterlebt hat, kann über die freigesetzte Energie nur staunen. Hier offenbart sich die wohl geheimnisvollste und faszinierendste Seite Myanmars.
>
> Der Nat-Kult ist wohl so alt wie das birmanische Volk. Lange vor dem Buddhismus war der Glaube weitverbreitet, dass die Natur sich im Einflussbereich von Geistern befindet. Ihnen wurde geopfert, um sie milde zu stimmen und ihren Schutz zu erflehen. Sie konnten aber auch strafen. Im Laufe der Zeit wurden die Geister zu personifizierten Gestalten, den Nats (aus dem Paliwort *natha* = Herr oder Beschützer). Manchmal waren es historische Personen oder legendäre Figuren. Sie waren für bestimmte Territorien oder Angelegenheiten zuständig. So verschieden ihre Geschichte oder Funktionen sind, sie haben eines gemeinsam: Alle sind eines unnatürlichen Todes gestorben.
>
> Seit König Anawrahta von Bagan (11. Jh.) existiert der offizielle Kult um die 37 Nats. Anfänglich unterdrückte er die Nat-Verehrung und ließ ihre Schreine zerstören, Feste und Tieropfer zu ihren Ehren verbieten, doch erfolglos. Schließlich ließ er eine Liste von 36 anerkannten Nats erstellen und gab ihnen ein Oberhaupt, Thagyamin. Jener verkörpert Indra, der auch Schutzherr des Buddhismus ist. Somit war klar, dass die Nats unter der Lehre Buddhas standen. In späteren Jahrhunderten wurde die Nat-Liste immer wieder verändert. Neue kamen hinzu, andere gerieten in Vergessenheit.
>
> In Myanmar werden Hunderte weiterer Geister verehrt. Einige sind von regionaler Bedeutung wie die in Bago beliebte Bago Maedaw oder Shwenankyin am Goldenen Felsen.

Die **Shinbinthalyaung-Halle** (11. Jh.) an seiner Basis birgt einen 18 m langen liegenden Buddha.

Alt-Bagan

Der **Maha Bodhi** ⓝ (frühes 13. Jh.) entspricht mit seinem viereckigen Stupa dem gleichnamigen Bau an jener Stelle in Indien, wo Buddha seine Erleuchtung erlangt haben soll. **Bupaya** ⓞ (9. Jh.) gilt als ältester Bau Bagans und wurde eindeutig noch von den Pyu errichtet. Der Stupa stürzte bei dem Erdbeben 1975 in den Fluss, wurde aber vollständig wiederhergestellt und vergoldet. Abends bietet er eine schöne Aussicht auf den Ayeyarwady. Der 1131 vollendete **Shwegugyi** ⓟ zählt mit seinen feinen Stuckaturen zu den elegantesten Bauten der Tempelstadt. Der erst 1784 erbaute **Pitaka Taik** ⓠ steht am Ort jener Bibliothek, die König Anawrahta für die frisch erbeuteten Mon-Schriften bauen ließ. Auch hier wurde der Stil der sonst für solche Gebäude üblichen Holzbauweise in Ziegeln nachempfunden. **Thatbyinnyu** ⓡ (Mitte 12. Jh.), der »Tempel der Allwissenheit«, ist mit 61 m der ❗ höchste Bau Bagans. Sein Aufsatz besteht aus zwei Würfeln, von denen der kleinere obere über drei Terrassen in ein maiskolbenförmiges Shikhara übergeht. **50 Dinge** ㉞ › S. 16. Der »Schrein der eingesperrten Nats«, **Nat Hlaung Kyaung** ⓢ (10. Jh.), ist der einzige erhaltene nicht-buddhistische Tempel Bagans: Er war dem Hindugott Vishnu geweiht. Nebenan trägt der kleine Stupa **Ngakywenadaung** ⓣ

Mae Wanna, einer der 37 Nats

(9. Jh.) noch viele seiner ursprünglichen, grün glasierten Ziegel. Wie der Bupaya stammt er vermutlich aus der Zeit der Pyu.

Mit seinem geheimnisvoll aus einem düsteren Innenraum hervorschimmernden Buddha liefert **Pahtothamya** ⓤ (11. Jh.) ein besonders gutes Beispiel für den düsteren Charakter der Innenräume aus der frühen Periode. Im Gegensatz dazu gibt sich **Mimalaung Kyaung** ⓥ (1174) besonders luftig. Mit seinen hübschen Chinte-Löwen und seiner schönen Terrasse entfaltet er einen für den Ort fast untypischen Charme.

Der gewaltige **Gawdawpalin** ⓦ (spätes 12. Jh.) gilt als die Spitzenleistung der späten Periode. Er gleicht im Aufbau dem Thatbyinnyu, ist aber noch etwas komplexer angelegt. Das Erdbeben 1975 beschädigte ihn am schlimmsten, die Restaurierung dauerte fast ein Jahrzehnt. Das überdimensionale **Museum** ⓧ birgt eine ganze Reihe

Gubyaukngi im Norden Bagans

interessanter Exponate, darunter Bildwerke, Buddhafiguren, Tempelinschriften (beispielsweise die Rajakumar-Stele) und zeitgenössische Frisuren (Mi–So 9–16.30 Uhr).

Der Süden

Mingalazedi ⓥ (spätes 13. Jh.) ist ein massiger Stupa auf mehrstufigen Terrassen und geht auf den letzten König Bagans zurück. **Myinkaba Gubyaukgyi** ⓩ (frühes 12. Jh.) hat wunderschöne Stuckaturen sowie ❗ hervorragende Wandmalereien – fast wie ein Bilderbuch des Buddhismus.

Der sehr kompakte **Manuha Paya** ⓐ (11. Jh.) wird dem gefangenen König Thatons zugeschrieben. Vier kolossale Buddhas – drei sitzende sowie ein liegender – scheinen mit ihren Dimensionen die Mauern des Tempels regelrecht sprengen zu wollen. Der beengende Eindruck soll das Empfinden des gefangenen Königs widerspiegeln. Auch bei **Nanpaya** ⓑ (spätes 11. Jh.), **Abeyadana** ⓒ (frühes 13. Jh.) und **Nagayon** ⓓ (12. Jh.) waren Meister des Kunsthandwerks tätig.

Somingyi Ok-Kyaung ⓔ (frühes 13. Jh.) ist das einzig erhaltene Kloster der Region. Schwer beschädigt, kann man jedoch noch deutlich die um einen Innenhof angeordneten Mönchszellen erkennen.

East und **West Petleik** ⓕ (11. Jh.) sind zwei relativ unscheinbare, nebeneinanderliegende Tempel, an deren Wänden im Untergeschoss bei Ausgrabungen fast komplette, unglasierte Terrakottafliesen mit Szenen aus den Jataka, den Erzählungen aus Buddhas früheren Leben, gefunden wurden. Der schöne, frisch vergoldete **Lawkananda** ⓖ (Mitte 11. Jh.) bietet einen reizvollen Blick auf den Ayeyarwady.

Der Osten

Beim Dorf **Minnanthu** befinden sich zahlreiche Relikte einstiger Klosteranlagen. Zwei unscheinbare Tempel locken mit wunderbaren Wandmalereien: der dreiteilige **Payathonzu** ⓗ und der **Nandamannya** ⓘ (beide 13. Jh.).

Der **Tayokpye** ⓙ zählt zu Bagans letzten Großbauten, tolle Ausblicke bietet zum Sonnenuntergang der restaurierte **Pyathada** ⓚ. Beide wurden ebenfalls in der Spätphase (13. Jh.) errichtet.

Bagan **Zentral-Myanmar**

Info

Die MTT-Niederlassung an der Hauptstraße in Neu-Bagan, Tel. 061/60277, ist bei Buchungen behilflich, drüber hinaus gehende Infos dürfen Sie allerdings nicht erwarten. Englische Literatur, Lage- und Orientierungspläne sind in Bagan überall erhältlich. Für den Besuch von Bagan sind 20 US-$ zu entrichten.

Anreise

Nach Yangon und Mandalay gibt es tgl. Flug- und Busverbindungen. In der Saison verkehren täglich die »Shwe Kein-ery« und »Malikha« auf dem Ayeyarwady zwischen Mandalay und Bagan (ca. 10 Std.). Bei der Buchung hilft Ihnen Ihr Hotel.

Hotels

Bezüglich Hotels können Sie unter drei Zentren wählen: die Stadt Nyaung U mit ihrem schönen Markt im Norden, Alt-Bagan (Bagan Myohaung) in der Mitte und Neu-Bagan (Bagan Myothit) im Süden.

Aye Yar River View Hotel €€
Das Hotel mit 103 geräumigen Zimmern überblickt den Ayeyarwady. Spa, Pool.

- nördlich von Alt-Bagan
Tel. 061/60313
www.baganayeyarhotel.com

Bagan Thande Hotel €€
❗ Schöner Bungalowkomplex direkt am Ayeyarwady mit Terrasse und Pool.
- Alt-Bagan | Tel. 061/60025
www.baganthandehotel.net

Thande Hotel €€
Liegt unweit des Marktes. Mehrere Bungalows um einen Pool.
- Nyaung U | Tel. 061/60315
www.thantenyu.com

Thazin Garden Hotel €€
Die Anlage mit 60 detailfreudig ausgeschmückten Zimmern liegt etwas abseits im Süden Neu-Bagans. Pool, Spa.
- Thazin Rd. | Neu-Bagan
Tel. 061/65035
www.thazingarden.com

Bagan Central Hotel €
Die Außenwände der 26 geräumigen Zimmer sind mit versteinerten Bäumen dekoriert. Kleiner Innenhof mit Schatten spendenden Niembäumen.

SEITENBLICK

Bagan auf allen Wegen

Im Folgenden finden Sie eine Auswahl der bedeutendsten Heiligtümer, für die Sie etwa drei Tage benötigen. Dabei können Sie auf verschiedene Fortbewegungsmittel zurückgreifen. Mit dem **Fahrrad** oder **E-Bike** bieten sich die Sehenswürdigkeiten im Umkreis von Alt-Bagan an. Stilvoll und recht kommunikativ ist die Rundfahrt mit der Pferdekutsche, denn die meisten Kutscher sprechen passables Englisch und können Erläuterungen samt Tipps geben. Ein garantiert unvergessliches, wenn auch kostspieliges Erlebnis, beschert Ihnen eine Ballonfahrt. Rechtzeitig zum Sonnenaufgang gleiten Sie lautlos über das Ruinenfeld mit Blick auf die Pagodenlandschaft. Ebenfalls reich an Eindrücken ist eine **Bootsfahrt** auf dem Ayeyarwady, etwa zum nördlich gelegenen Höhlentempel Kyauk-gu Umin.

- 15/16 Khayae St. | Neu-Bagan
Tel. 061/65057

Bagan Umbra Hotel €
Familienfreundliches Mittelklassehotel mit 57 hellen Zimmern, schöner Garten und Swimmingpool.
- Bagan-Nyaung U Rd.
Nyaung U | Tel. 061/60034
baganumbra@gmail.com

Restaurants

Wie bei den Unterkünften können Sie auch bei den Lokalen zwischen Nyaung U, **50 Dinge** (19) › S. 14, Alt-Bagan und Neu-Bagan wählen.

Ristorante Da Ignacio €€
Gemütliches Gartenlokal mit authentischer italienischer Küche.
- Südlich der Hauptstraße | Neu-Bagan
Tel. 09/425029248

The Beach Bagan €€
Das stilvolle Restaurant westlich des Marktes ❗ überblickt den Ayeyarwady. Gepflegte Speisen.
- 12 Hmang Kyo Yat | Nyaung U
Tel. 061/60126

Nanda Restaurant €–€€
Gutes birmanisches und chinesisches Essen in einer schön dekorierten offenen Halle, dazu am Abend Marionettenvorführung.
- Bagan-Nyaung U Rd. | Nyaung U
Tel. 061/60754

Shwe Myanmar €
In diesem einfachen Lokal können Sie ❗ gute authentische Curry-Gerichte probieren.
- Alt-Bagan, unweit des Tharaba-Tors

Shopping

Bagan ist die Hochburg der Lackarbeiten mit entsprechendem Angebot. Allerdings wird viel Ramsch feilgeboten. Hervorragende, jedoch nicht billige Stücke finden Sie in Maung Aung Myins **Art Gallery of Bagan** und im **Golden Cuckoo** im Dorf Myinkaba. Schöne Rattan-Ware verkauft die **Win Family** am Thatbyinnyu-Tempel.

Ausflüge von Bagan

Von Sale führt eine Straße über Kyaukpadaung zum Mount Popa, sodass Sie beide Orte auch problemlos zusammen im Rahmen einer ganztägigen Rundfahrt besuchen können.

Sale 8 [C6]

Sale, 40 km südlich von Bagan, gilt als dessen Zwillingsstadt. Sehenswert ist neben dem **Youk-soun Kyaung** ❗ mit schönen Holzschnitzereien auch eine 3 m große Lackfigur im **Man-Phaya-Schrein** aus dem 13. Jh., die als die größte Myanmars gilt. Den Besuch lohnt auch das 130 Jahre alte Meditationskloster **Thadana Younggyi Kyaung**.

Mount Popa 9 [C6]

Zwei Fahrstunden südöstlich von Bagan erhebt sich Mount Popa, ein 1518 m hoher erloschener Vulkan. Aufgrund des wertvollen Waldbestandes wurde der zum Bago Yoma gehörende Berg zum Nationalpark erklärt. An seinem Fuße liegt der markante 737 m hohe Vulkankegel **Mt. Popa Daung Kalat**. Er war bereits vor der Baganzeit als Wohnsitz der

Nats Ziel vieler Pilger. Das ist bis heute so geblieben. Täglich mühen sich die Besucher den etwa halbstündigen Weg hinauf über Treppen und Leitern, um von oben die Aussicht zu genießen. Die meist buddhistischen Bauten sind neueren Datums und eher uninteressant.

Im Pilgerort unterhalb des Kegels gibt es einen Schrein zur Verehrung der 37 Nats. **50 Dinge** ⑫ › S. 13. Hier werden die schrillen **Nat Pwe** › S. 94 abgehalten. Zum »größten Hotel der Nation«, so ein hiesiger Abt, werden die umliegenden Klöster zum Vollmond im Mai/Juni, November/Dezember, März/April sowie Juli/August, wenn Zigtausende von Pilgern kommen.

Hotel
Popa Mountain Resort €€€
Luxusbungalows mit weitem Blick auf den Popa Daung Kalat. Eine der schönsten Unterkünfte in der Umgebung.
- Mount Popa
Tel. 02/69168
www.myanmartreasureresorts.com

Pakokku ❿ [C5]

Die Stadt am Westufer des Ayeyarwady, nur 30 bis 40 Minuten von Bagan und vier Fahrstunden von Monywa entfernt – ist ein wichtiges Anbauzentrum für Tabak und Thanakabäume, deren Äste zur berühmten Thanakapaste verrieben werden. Pakokku ist zudem bekannt für seine Klöster, darunter das 1907 gegründete **Mandalay Kyaung Taik** und das weitläufige **Mahawithutayama Kyaung**. Im Süden der Stadt erhebt sich der **Tihoshin-Tempel** mit einer hochverehrten Buddhafigur (12. Jh.) und einer kleinen Ausstellungshalle.

Im rund 20 km nördlich gelegenen **Pakhan-gyi**, einer ehemaligen Garnisonsstadt unweit des Chindwin, können Sie ein großes, 1870 erbautes Holzkloster und Reste von Wehranlagen besichtigen.

Anreise
Anstelle des Mietwagens von Bagan (30–40 Minuten) kann man auch per Charterboot anreisen (2 Std.).

Hotel
Pakokku Hotel €
Unterkunft mit 17 funktionalen Zimmern, Strom gibt es nur abends.
- Monywa Rd. | Pakokku
Tel. 062/22761

> **Erstklassig**
>
> ### Geballte Handwerkskunst
>
> - **Bagan** ist der richtige Ort für den Kauf von Lackarbeiten. › S. 52
> - Für die Herstellung von getöpferten Gefäßen ist der kleine Ort **Twante** südwestlich von Yangon bekannt – Sie können auch zuschauen. › S. 72
> - **Mandalay** als bedeutendes Handwerkszentrum ist Heimat vieler Werkstätten. › S. 101
> - Im **Sagaing** konzentrieren sich die Silberschmiede. › S. 108
> - Im südlich von Mandalay gelegenen **Amarapura** finden Sie die Weberwerkstätten. › S. 108

Zentral-Myanmar Monywa und Umgebung

📍 Karte S. 86

Monywa 11 [C5] und Umgebung

Die aufstrebende Stadt Monywa, ein wichtiges Handelszentrum mit 300 000 Einwohnern, liegt am Chindwin-Fluss. Die stets belebte Anlegestelle der Boote und Fähren am Chindwin ist am späten Nachmittag sehr stimmungsvoll. Religiöse Hauptattraktion ist der zwischen 1939 und 1951 erbaute **Thanboddhay-Tempel**, 10 km südöstlich der Stadt (tgl. 6.30–17 Uhr). Das Heiligtum ist ein Ort der Superlative: 471 kleinere Stupas gruppieren sich auf den Terrassen rund um den Hauptstupa. Auf Altären und in Nischen befinden sich insgesamt 582 357 Buddhafiguren, überall glitzert und glänzt es – ein kunterbunter Ort der buddhistischen Verehrung.

In **Kyaukka**, 15 km östlich von Monywa, können Sie die Herstellung von Lackarbeiten beobachten. Bei Budalin, 45 km östlich, erhebt sich der erloschene Vulkan **Twinn Daung** (schöner Ausblick) mit dem grün schimmernden Kratersee **Myitta Kan**, an dessen Ufer die Bewohner in künstlich angelegten Becken Algen züchten und zu Medizin verarbeiten.

Höhlenheiligtümer mit in Sandstein geschlagenen Buddhafiguren können Sie in den Bergen östlich des Chindwin besuchen, darunter im 25 km von Monywa entfernten **Hpo Win Daung** (vermutlich aus dem 17./18. Jh.) und im benachbarten **Shwe Ba Daung**.

Hotel

Win Unity €€
Die weitläufige Bungalowanlage mit gesichtslosen Zimmern und Pool liegt an einem See.
• am nördlichen Stadtrand | Monywa Tel. 071/22438

Mandalay 12 ⭐ [C5]

Von dem in alten Reiseberichten beschworenen Zauber Mandalays ist leider nicht viel übrig geblieben. Die mit einer Million Einwohnern zweitgrößte Stadt des Landes, erst 1857 gegründet, war bis zur britischen Eroberung 1885 kurzlebige Hauptstadt des letzten birmanischen Königreiches. Mandalay gilt

Mandalay **Zentral-Myanmar**

wegen seiner zahlreichen Klöster und ❗ Handwerksbetriebe zwar als Herz birmanischer Kultur, doch haben ein steter Zuwachs chinesischer Einwanderer sowie eine hektische Bautätigkeit die Stadt binnen weniger Jahre in eine staubige, zubetonierte Boomtown verwandelt.

Dennoch ist Mandalay interessant. Das Leben spielt sich auf deutlich engerem Raume ab als in Yangon, sodass man vom urbanen Alltag viel mitbekommt. Ein Besuch der touristischen Höhepunkte beansprucht nur ein gerafftes Tagesprogramm. **50 Dinge** ③ › S. 12.

Mandalay-Berg

Im Stadtzentrum machen nummerierte, rechtwinklig aufeinanderstoßende Straßen von Ost nach West sowie von Nord nach Süd die Orientierung sehr leicht. Es wird im Westen vom Ayeyarwady, im Norden vom Mandalay-Berg begrenzt. Sie können den 236 m hohen Hügel auf 1729 Stufen ersteigen oder bequem mit einem Pick-up hinauffahren. Ein Schrein auf halber Höhe birgt drei Knochen Buddhas, die **Peshawar-Reliquien.** Sie wurden vermutlich auf Geheiß des indischen Herrschers Ashoka im 3. Jh. v. Chr. nach Peshawar im heutigen Pakistan gebracht und in einem Stupa aufbewahrt. Im Krieg mit den Muslimen wurde der Stupa im 11. Jh. zerstört, doch förderten Ausgrabungsarbeiten 1908 den Reliquienbehälter zutage. Die britische Kolonialregierung schenkte ihn der Buddhistischen Gesellschaft Birmas. Obwohl die Reliquien möglicherweise echt sind, werden sie nicht besonders verehrt. In weiteren Schreinen knapp unterhalb des Gipfels sehen Sie eine Buddhafigur, die mit ausgestrecktem Arm auf die Stadt deutet, sowie die Figur einer Frau, die Buddha ihre abgeschnittenen Brüste darbietet. Nach der Legende hatte der Erleuchtete einer Riesin die Wiedergeburt als König Mindon prophezeit, nachdem sie ihm ihre Brüste geopfert hatte. Später sei Buddha auf dem Berg erschienen, um die Entstehung einer großartigen Stadt an dessen Fuß vorherzusagen.

Buddhastatue am Mandalay-Berg

Königspalast

Die quadratische Anlage des einstigen Königspalastes mit 2 km Seitenlänge, umgeben von 8 m hohen Mauern und einem 70 m breiten Graben, schützte die von den Briten als Fort genutzte »Goldene Stadt«

SPECIAL

Ungewohntes für Auge & Ohr

Pwe

Kein Tempelfest ohne ein Pwe, eine traditionelle Tanzaufführung. Nächtelang erheitern sich die Zuschauer an dieser Mischung aus Slapstick, Tanz und Drama.

Im **Zat Pwe** wird eine Geschichte *(zat)* gespielt, eingerahmt von Musik und Tanz. Komödianten üben im **Anyeint Pwe** versteckte Kritik an den Herrschenden; dazu gibt es Tanzeinlagen. Besonders schrill geht es bei einem **Nat Pwe** zu. Mit wilden Gebärden und Tanz locken die Nat Gadaws (meist Transvestiten) die Nats › S. 94 an. Nat-Pwes können Sie auf folgenden **Nat-Festivals** sehen:

- **Mount-Popa-Fest** zu Ehren der Mahagiri-Nats (Dezember/Januar)
- **Pakhan-Fest** nördlich von Pakokku (März)
- **Shwe-Kyun-Pin-Fest** in Mingun (August)
- **Taungbyone-Fest** nördlich von Mandalay (August)

Mit etwas Glück können Sie bei einem der großen **Tempelfeste** ein Pwe erleben. Hier die wichtigsten Feste rund um die Vollmondtage:

- **Ananda-Tempel, Bagan:** Dezember/Januar
- **Mahamuni-Tempel, Mandalay:** Anfang Februar
- **Shwedagon-Pagode, Yangon:** Februar/März
- **Kyauktawgyi-Pagode, Mandalay:** September/Oktober
- **Phaung-Daw-U-Festival, Inle-See:** September/Oktober

Fehlt bei keinem Marionettenspiel – der Komödiant mit seinem Schirm

Tempelfeste & Theater SPECIAL

- **Shwezigon-Pagode, Bagan:**
  Oktober/November

Moustache Brothers

Ganzjährig besteht die Möglichkeit, im Haus der **Moustache Brothers** ein Anyeint Pwe zu sehen, bei dem die ganze Familie beteiligt ist. Das Leben eines Komödianten war unter den Militärs gefährlich: Der 2013 an den Haftfolgen verstorbene Bruder, U Par Par Lay, wurde 1996 nach einer Vorführung bei Aung San Suu Kyi aufgrund eines hintergründigen politischen Witzes eingesperrt und kam erst nach 5 Jahren wieder frei.

- Moustache Brothers [C5]
  23, 39th St., zw. 80th und 81st St.
  Mandalay
  Tgl. um 20 Uhr

Marionettentheater

Die großen Zeiten des Marionettentheaters sind vorbei. Das einheimische Publikum hat wenig Interesse daran und so sind es die Touristen, die den Puppenspielern ihr Einkommen sichern. Nahezu jedes größere Touristenrestaurant zeigt eine Marionettenaufführung zum Dinner mit einer festgelegten Reihenfolge von Einzelszenen. Am Anfang steht der rituelle Tanz zur Verehrung der Nats. Der Auftritt des mythologischen Pferdes und anderer Tiere spielt im geheimnisvollen Wald des Himalaya. Ihnen folgen Drachen und Dämonen sowie der populäre Zauberer Zawgyi, der mit seinem Stab durch die Lüfte wirbelt. Fehlen darf nicht eine Hofszene mit Page, Minister und dem edel gewandeten Königspaar. Ganz romantisch geht es beim Auftritt von Prinz und Prinzessin zu, während der Komödiant mit Schirm und zwinkernden Augen Sie zu verführen versucht. Empfehlenswerte Aufführungen bieten:

- Mandalay Marionettes
  Theatre [C5]
  66th St., zw. 26th und 27th St.
  Mandalay
  Tel. 02/34446
  www.mandalaymarionettes.com
- Nanda Restaurant [C6]
  Wetkyi-In Village
  Bagan
  Tel. 061/60096

Sagen und Mythen

Den Stoff für das birmanische Theater liefern zumeist Szenen aus den Jatakas und dem 2000 Jahre alten Hindu-Epos **Ramayana**: Gott Vishnu kommt als Rama auf die Erde. Dessen wunderschöne Frau Sita wird von dem Dämonenkönig Ravana auf die Insel Lanka entführt. Nach unzähligen Kämpfen kann Rama unter Mithilfe der Armee des Affengenerals Hanuman Sita endlich befreien und den bösen Dämonengott töten. Jedes Schulkind kennt die **Jatakas,** die 547 Erzählungen über die früheren Inkarnationen Buddhas. Die letzte Geschichte, das Vessantara, erzählt von der Großzügigkeit des als Prinz wiedergeborenen Buddha. Nicht nur verschenkt er den weißen Elefanten und somit den Glücksgaranten des Königreiches, sondern gibt auch seine beiden Kinder und sogar seine Frau her. Doch zum Schluss wird die Familie wieder glücklich vereint.

Der Königspalast von Mandalay im Überblick

des Herrschers. Ganz aus Teakholz erbaut, gingen die zahlreichen Gebäude 1945 bei Kämpfen zwischen Briten und Japanern in Flammen auf. Bei der folgenden Wiedererrichtung einiger Gebäude benutzte man leider Beton und Wellblech. Das Resultat ist uninteressant, dafür lohnt sich der Ausblick vom 55 m hohen Wachturm.

Ein angegliedertes kleines **Museum** mit Exponaten aus königlichem Besitz kann am Gesamteindruck jedoch auch nicht viel ändern. Die üppigen Grünanlagen ringsum sind überwiegend dem Militär vorbehalten, das hier stationiert ist.

Am Fuß des Mandalay-Berges

Fünf Sakralanlagen liegen nebeneinander nahe den Festungsmauern am Fuße des Mandalay-Berges. Die hübsche **Kyauktawgyi** birgt einen kolossalen Buddha aus Marmor, dessen Transport 10 000 Arbeiter mächtig ins Schwitzen brachte. **Sandamani,** zum Gedenken an einen getöteten Bruder König Mindons erbaut, wird von Marmortafeln mit Kommentaren zum buddhistischen Kanon umgeben.

Auf dem Gelände der benachbarten **Kuthodaw,** auf Mindons Wunsch 1857 für die Fünfte Buddhistische Synode erbaut und als »größtes Buch der Welt« betitelt, steht dieser Kanon in 729 Marmortafeln gemeißelt.

Atumashi Kyaung, ebenfalls im Jahr 1857 entstanden, barg einen legendären Buddha, den die Briten 1885 stahlen. Der Tempel brannte 1890 ab und wurde erst über 100 Jahre später wieder aufgebaut – aus Beton.

Shwenandaw Kyaung lässt den schmerzlichen Verlust des Königspalastes erahnen. In dem opulent verzierten Gebäude wohnte und starb König Mindon. Der Holzbau wurde im Jahr 1880 aus dem Palast entfernt, als Meditationsstätte wieder aufgebaut, er blieb vom Brand verschont.

Mahamuni-Pagode

Mandalays bedeutendstens Heiligtum ist ein Erlebnis. Der wahrscheinlich sehr alte Mahamuni-Buddha wurde 1784 aus Rakhine herbeigeschafft und ist bis heute die mit Abstand meistverehrte Figur des Landes. Täglich um 4 Uhr morgens putzt ihm ein Mönch sogar die Zähne. Auf dem Kopf trägt der 3,80 m hohe Buddha mehr Juwelen als jedes andere gekrönte Haupt dieser Erde und sein massiger Körper ist bis zur Unförmigkeit von Blattgold bedeckt. Sechs Khmer-Bronzen in einem Schrein gelangten auf Umwegen von ihrer Heimstatt Angkor über Ayutthaya, Bago und Mrauk U nach Mandalay. Die drei Löwen, zwei Wächter sowie der dreiköpfige Elefant gelten als magisch. Vor allem die beiden Wächter sollen jede Krankheit heilen, wenn man die entsprechende Stelle ihres Körpers berührt. Das Mahamuni-Fest Anfang Februar gehört zu den wichtigsten religiösen Feiern Myanmars.

Weitere Sehenswürdigkeiten

Einen weiteren, sehr schönen Buddha beherbergt die **Shwekyimyint-Pagode**. Die im 12. Jh. erbaute Pagode enthält neben der Originalfigur eine Sammlung teilweise äußerst kostbarer Buddhastatuen sowie Sakralgegenstände aus königlichem Besitz, die jedoch nicht immer allesamt ausgestellt sind. Der alte **Zegyo-Markt** musste 1990 gegen den Widerstand der Bevölkerung leider einer unschönen Betonkonstruktion weichen. **50 Dinge** (14) › S. 13, **50 Dinge** (30) › S. 14.

In den südlichen Vierteln der Stadt haben sich zahlreiche **Kunsthandwerker** niedergelassen und versorgen von hier praktisch das ganze Land mit Gongs, Marionetten, Buddhastatuen, Opiumgewichten etc.

Info
- Das wenig effektive MTT-Büro befindet sich hinter dem Swan Hotel (27th St./68th St.).

Novize vor dem Gong der Mahamuni-Pagode

- Ein Sammelticket für die Besichtigung der Sehenswürdigkeiten Mandalays kostet 10 US-$.

Anreise

Mandalay ist auch international per Flugzeug sowie per Bus und Bahn ohne große Mühe erreichbar.
Besonders beliebt ist die Flussfahrt von/nach Bagan mit der »Shwe Keinnery« und »Malikha« (ca. 10 Std.) oder nach Bhamo mit der IWT-Fähre (mindestens 2 Tage).

Hotels

Hotel by the Red Canal €€€
Stilvolles Boutiquehotel östlich der Palastmauer mit 25 Komfort-Zimmern. Netter Garten und Pool.
- 417, Ecke 63th und 22nd St. Mandalay | Tel. 02/68543
  www.hotelredcanal.com

Mandalay Hill Resort €€€
Große Anlage am Fuße des Mandalay-Bergs mit Swimmingpool, Spa und stilvollen Zimmern.
- 9, 10th St. | Mandalay
  Tel. 02/35638
  www.mandalayhillresorthotel.com

Rupar Mandalay Resort €€€
Weitläufiges Resort mit 16 schönen, im alten Stil eingerichteten Zimmern und Suiten. Spa, großer Pool und Restaurant.
- A-15, Ecke 53rd und 30th St. Mandalay | Tel. 02/61555
  www.ruparmandalar.com

Sedona €€€
Bestes Hotel der Stadt mit 247 Zimmern, drei Restaurants, großem Pool und gutem Spa. Toller Blick auf den Mandalay-Berg.
- Ecke 26th St./66th St. | Mandalay
  Tel. 02/36488
  www.sedonahotels.com.sg

Peacock Lodge €
Ruhig gelegenes familiäres Gästehaus mit nur sechs geräumigen Zimmern.
- 5, 61st St., zw. 25th und 26th St. Mandalay | Tel. 02/61429

Royal City Hotel €
Gutes Mittelklassehotel mit 20 Zimmern.
- 130, 27th St., zw. 76th und 77th St. Mandalay | Tel. 02/31805

Restaurants

Café jj €
Angesagtes Café mit entspannter Atmosphäre, gutem Kaffee und soliden internationalen Speisen.
- 26th St., zw. 66th und 67th St. Mandalay | Tel. 02/74349

Marie-Min €
Die indischen Besitzer kochen vielseitig und lecker Vegetarisches.
- 27th St. zw. 74th und 75th St. Mandalay

Super 81 €
Populäres Lokal mit chinesischen Gerichten und leckeren Grillspießchen.
- 582, 81st St.| zw. 38th und 39th St. Mandalay

Too Too €
Das Traditionsrestaurant zaubert klassische birmanische Currys. Sehr beliebt.
- 79, 27th St., zw. 74th und 75th St. Mandalay

Ausflüge von Mandalay **Zentral-Myanmar**

Gängiges Transportmittel auf dem Lande – der Ochsenkarren

Shopping

Oft liegen die Werkstätten recht versteckt im Süden Mandalays, weshalb Sie sich einem Taxi- oder Rikschafahrer anvertrauen sollten. Betriebe für die Blattgoldherstellung konzentrieren sich entlang der 36th Street, darunter **Golden Rose** zw. 77th und 78th St. **50 Dinge** ㊱ › S. 16.
Wollen Sie etwas über die Bronzeherstellung erfahren, dann können Sie das **Myanmar Bronze Moulder Casting** im Thampawaddy-Viertel besuchen (93 Panthidan, Tel. 02/23182).
Die Werkstätten der **Steinmetze** liegen rund um den Westzugang des Mahamuni-Tempels. **50 Dinge** ㊲ › S. 16.

Ausflüge von Mandalay

Von Mandalay bieten sich mehrere Ausflüge an: eine Bootsfahrt nach Mingun, eine Tour zu den drei ehemaligen Königsstädten Amarapura, Inwa und Sagaing im Süden oder in die alte Sommerfrische der Engländer, Pyin U Lwin › **S. 124.**

Mingun ⑬ [C5]

Hier sollte ab 1790 die gewaltigste Pagode der Welt entstehen. Beim Tode des königlichen Auftraggebers Bodawpaya fast 30 Jahre später wurden die Arbeiten an dem die Gren-

Geruhsame Bootspartie auf dem Taungthaman-See

zen des architektonisch Machbaren erreichenden Wahnsinnsprojektes eingestellt. 1838 ereilte ein Erdbeben die Bauruine, doch selbst diese Überreste sind noch fantastisch: ein massiver, quadratischer Ziegelbau, 72 m lang, 50 m hoch, der als Basis eines insgesamt 150 m hohen Stupa angelegt war. Trotz Mängeln und Rissen steht die **Mingun-Pagode** den Prachtstücken Bagans nicht nach. In einem Pavillon hängt die mit 90 t Gewicht **größte intakte Glocke** der Welt. Die schöne, originell konzipierte weiße **Hsinbyume,** noch ein Stück weiter, symbolisiert den heiligen Berg Meru mit den ihn umgebenden sieben Bergketten.

Anreise

Mingun liegt 11 km flussaufwärts von Mandalay. Morgens legt ein Touristenboot ab, die öffentlichen Boote dürfen von Ausländern nicht benutzt werden. Besser ist es, ein eigenes Boot zu mieten. Sofern Sie in Ihrem Urlaub noch keine Flussfahrt unternommen haben, ist diese kurze Bootstour unbedingt empfehlenswert.

Amarapura 14 [C5], Sagaing 15 [C5] und Inwa 16 [C5]

Kein Landstrich Myanmars hat so viele Königsstädte glanzvoll aufstreben und jäh untergehen sehen wie die Umgebung von Mandalay. Nach dem Untergang Bagans wurde 1315 Sagaing zum Zentrum eines Fürstentums der Shan. 50 Jahre später wurde der Hof in das strategisch günstiger gelegene Inwa verlegt. Dort blieb er mit Unterbrechungen die nächsten 400 Jahre. In der Konbaung-Dynastie (1752–1885) verlegten die Herrscher gleich vier Mal die Residenz. Die eintägige Taxi-Exkursion führt Sie zunächst nach

Ausflüge von Mandalay **Zentral-Myanmar**

Amarapura, dem ❗ Zentrum der birmanischen Longyi-Produktion, mit unablässig ratternden Webstühlen. Lohnenswert ist dort der Besuch des modernen **Mahagandhayon-Klosters** mit seinen über 1000 Mönchen. Von dort führt Sie ein schöner Spaziergang am Taungthaman-See vorbei zur malerischen, 1,2 km langen **U-Bein-Brücke**. Sie wurde Mitte des 19. Jhs. aus den Teakholzüberresten ehemaliger Residenzen in Inwa und Sagaing errichtet. Die auf der anderen Seite 1847 errichtete **Kyauktawgyi-Pagode** rechtfertigt den langen Marsch über die Brücke mit ländlich-idyllischem Ambiente und schönen Wandmalereien.

Über die 1934 erbaute Inwa-Brücke oder deren Entlastungsbrücke gelangen Sie in die Silbermiedestadt **Sagaing** mit über 600 Klosteranlagen. Von der Soon-U-Phonya-Shin-Pagode auf dem Sagaing-Hügel erblicken Sie bei klarer Sicht sogar das Shan-Bergland. Am westlichen Ortsende von Sagaing haben sich ❗ **Silberschmiede** angesiedelt.

Die **Kaunghmudaw-Pagode**, einige Kilometer außerhalb, wurde 1636 für die Reliquien der Mahazedi-Pagode Bagos im singhalesischen Stil erbaut, doch fügt sich der gewaltige schneeweiße Stupa zu einer Form, in der des Volkes Auge nur eine Frauenbrust erkennen mag. Eine Kutschfahrt durch das idyllisch gelegene **Inwa** führt Sie zum schiefen Turm Nanmyin, dem 1818 erbauten **Maha Aungmye Bonzan Kyaung** und dem imposanten **Bagaya Kyaung**, der ❗ auf 267 Teakholzpfeilern steht.

SEITENBLICK

Der Longyi

Der Longyi ist ein knapp 2 m langes und gut 1 m breites, an der Schmalseite zusammengenähtes, überwiegend handgewebtes Tuch. Für Männer und Frauen gibt es unterschiedliche Dekors, auch binden sie das Tuch mit verschiedenartigen Knoten um die Hüften. Eine reichhaltige Kollektion von Longyis gilt für jeden als soziale Mindestausstattung. Baumwolle, Seide, vereinzelt auch Wolle, oft auch in Mischungen, verleihen den Longyis markante Eigenschaften in Aussehen und Anschmiegsamkeit.

Frauenlongyis fallen allgemein weniger kunstvoll aus als die der Männer, die nach ihrem jeweiligen Herkunftsort unterschieden werden. Stücke aus Zentral-Myanmar haben feine Karos, Linien oder meist beides. Karen-Longyis sind quer gestreift und im Allgemeinen in leuchtenden Kontrastfarben gehalten, vor allem in Rot. Die düsteren Kachin-Longyis tragen auf schwarzblauem Hintergrund unregelmäßig breite Streifen, meist in Grün oder Violett. Longyis vom Inle-See im Shan-Staat zeichnen sich durch winzige geometrische Muster mit starken weißen Durchschüssen aus, die sie wie gepudert erscheinen lassen. Als Krönung gelten Longyis aus Rakhine: raffinierte, schwere Stücke mit reliefartig hervorgehobenen, ungemein vielseitigen Mustern in sämtlichen Farben.

SHAN- UND KACHIN-STAAT

Kleine Inspiration

- **Zum Markttag** in die Dörfer am Inle-See pilgern › S. 116
- **Per Boot** das Gebiet von Sakar entdecken › S. 120
- **Leckere Shan-Nudeln** in Taunggyi schlürfen › S. 120
- **Mit dem Zug** über den berühmten Gokhteik-Viadukt rattern › S. 124
- **Zum wilden Manao-Fest** nach Myitkyina reisen › S. 129

Karte S. 113, 128

Tour 5–7 **Shan- und Kachin-Staat**

> Im Norden und Osten Myanmars steckt der Tourismus weitgehend in den Kinderschuhen, viele Gebiete sind für Ausländer noch gesperrt. Das macht das Reisen zuweilen beschwerlich, aber auch reizvoll.

Im südlichen Shan-Staat liegt eines der attraktivsten Reiseziele des Landes: der **Inle-See**. Doch auch der alte britische Alterssitz **Kalaw**, die Höhle von **Pindaya** und das multikulturelle **Taunggyi** haben ihre Reize. Tief im Osten liegen die einstige Shan-Fürstenstadt **Kyaing Tong** samt vieler Dörfer der Bergminderheiten sowie **Tachilek** an der thailändischen Grenze. Von Mandalay führt die berühmte Burma Road in den Nordwesten des Shan-Staates bis nach China. Dort reihen sich Städte mit jeweils eigener Ausprägung aneinander, allen voran die koloniale Sommerfrische **Pyin U Lwin**, die alte Shan-Stadt **Hsipaw** und das aufstrebende **Lashio**. Wie ein Keil schiebt sich der Kachin-Staat in Myanmars hohem Norden zwischen Indien und China bis an die tibetische Grenze. Dünn besiedelt und touristisch wie infrastrukturell unerschlossen, hat die Region viel Potenzial für Naturfreunde. Das gilt vor allem für **Putao**, von wo aus Exkursionen in die Bergwelt möglich sind. Auch **Myitkyina**, das kulturelle Zentrum der Kachin, bietet sich für Erkundungen an. Mit dem Marktflecken **Bhamo** über den Ayeyarwady verbunden, können Sie das Gebiet auch per Boot entdecken.

Oben: Geheimnisumwittert – der Pagodenwald von Indein
Links: Eines der attraktivsten Reiseziele des Landes – der Inle-See

Touren im Shan-Staat

Tour 5 — Ländliches Idyll im Shan-Staat

Route: Kalaw › Pindaya › Inle-See › Taunggyi

Karte: Seite 113
Länge: 170 km
Dauer: 3–4 Tage
Praktische Hinweise:
- Diese Tour ist am besten per Mietwagen mit Fahrer zu bewältigen.

Tour-Start:

Die Landschaft zwischen **Kalaw** 1 › S. 113 und Pindaya zählt zu den schönsten im südlichen Shan-Staat. **50 Dinge** 27 › S. 15. Bunte Felder überziehen sanfte Hügelketten, durch die sich Wege und Straßen schlängeln. In Aung Ban, 10 km östlich von Kalaw, führt eine stellenweise schlechte Straße bis nach Pindaya (38 km). Nach der Übernachtung in **Pindaya** 2 › S. 114 fahren Sie weiter zum **Inle-See** 3 › S. 116, der Sie mit seinen Attraktionen wie mehreren Klöstern und einem schwimmenden Markt gut 1–2 Tage ausfüllt.

Am letzten Tag geht es in die 30 km östlich gelegene Handelsstadt **Taunggyi** 5 › S. 120, die sich auch als Ausgangspunkt für den Ausflug zum Pagodenwald im eleganten Shanstil in **Kakku** 6 › S. 121 anbietet.

Tour 6 — Entlang der alten Burma Road

Route: Pyin U Lwin › Hsipaw › Lashio

Karte: Seite 113
Länge: 200 km
Dauer: 3 Tage
Praktische Hinweise:
- Da die Städte an der schönsten Bahnstrecke Myanmars liegen, sollten Sie den Zug wählen. Das ist zwar zeitraubender als per Auto, dafür abwechslungsreicher.
- Proviant, Wasser, Taschenlampe und warme Kleidung bei frühen Abfahrten sollten ins Reisegepäck.

Tour-Start:

Der britische Luftkurort **Pyin U Lwin** 9 › S. 124, auch ein beliebtes Ausflugsziel von Mandalay (80 km), ist ein guter Ausgangspunkt für die Reise in den nördlichen Shan-Staat. Über den berühmten Gokhteik-Viadukt › S. 115 führt die etwa siebenstündige Zugfahrt zunächst nach **Hsipaw** 10 › S. 125, wo Sie am nächsten Tag zu Fuß oder per Fahrrad das einstige Fürstenstädtchen samt Umgebung erkunden können.

Am 3. Tag fahren Sie mit dem Zug oder Bus weiter in die 150 km entfernte aufstrebende, schon ziemlich chinesisch wirkende Handelsstadt **Lashio** 11 › S. 126.

Unterwegs im Shan-Staat

Kalaw 1 ★ [D6]

In 1320 m Höhe am Westrand des Shan-Plateaus erfreut Kalaw mit einem frischen Klima. Das ausgedehnte, stille Städtchen war einst ein beliebter britischer Alterssitz und vermittelt bis heute nostalgisches Ambiente. Einladende schindelgedeckte Fachwerkhäuser in liebevoll gepflegten Gärten, lauschige Pinienhaine, glockenbehängte Kühe, man könnte sich fast im europäischen Mittelgebirge wähnen. Ein weiteres Erbe der Kolonialzeit ist eine sehr gemischte, insgesamt überdurchschnittlich gut Englisch sprechende Bevölkerung von Indern, Shan, Bamar und vielen Gurkhas – Nepalesen, die einst im Militärdienst der Krone standen.

Kalaw ist ❗ Ausgangspunkt für Wanderungen auf die Gipfel der Shan-Berge und in die dortigen Dörfer der Danu, Pa-O und Palaung. Neben Obst, Gemüse und Tee werden an den Hängen die für die birmanischen Cheroot-Zigaretten verwendeten Blätter des *thanaq-hpeq*-Baumes (*Cordia dichotoma*) geerntet. Sie begegnen freundlichen Menschen und genießen einen tollen Blick auf die Berge.

Hotels
Amara Mountain Resort €€–€€€
Das Hotel bewahrt den einstigen Charme einer 1909 erbauten

Touren im Shan-Staat

Tour 5
Ländliches Idyll im Shan-Staat
Kalaw › Pindaya › Inle-See › Taunggyi

Tour 6
Entlang der alten Burma Road
Pyin U Lwin › Hsipaw › Lashio

! Kolonialvilla. Nur 10 rustikale Zimmer mit Kamin und Salon.
- 10/182 Thida Rd. | Kalaw
  Tel. 081/50734 und 50415
  www.amara-resort.com

Kalaw Princess Resort €€
Unweit der alten Bahnstation gelegenes Hotel mit 24 Zimmern, tollen Ausblicken und gutem Service.
- Tel. 09/8632277 | Kalaw
  www.kalawprincesshotelmyanmar.com

Restaurants
Pyae Pyae €
Das einfache Lokal liegt neben dem Thirigayha und ist für seine guten Shan-Nudelgerichte bekannt.
- Main Road
  Kalaw

> **! Erstklassig**
>
> **Bunte Märkte in der Umgebung von Pindaya**
>
> Mehrere Orte wechseln sich im Fünf-Tage-Rhythmus mit einem Markt ab. Zu den größten und wichtigsten Märkten zählen:
> - **1. Tag:** Heho, Kyone (bei Pindaya), Taung Tho (Inle-See)
> - **2. Tag:** Taunggyi, Aungban, Ywama (Schwimmender Markt)
> - **3. Tag:** Pwe Hla (bei Pindaya), Maing Thauk (Inle-See), Phaung Daw U (Inle-See)
> - **4. Tag:** Shwenyaung, Kalaw, Khaung Daing (Inle-See), Indein (Inle-See)
> - **5. Tag:** Nyaung Shwe, Pindaya, Nampan (Inle-See)

Thirigayha (Seven Sisters) €
Das bei Rucksacktouristen beliebte Restaurant serviert europäische, indische, birmanische, chinesische und Shan-Küche.
- 7 Main Rd. | Kalaw

Aktivitäten
Hotels und Restaurants in Kalaw vermitteln Guides für ein- oder mehrtägige Bergtouren mit Übernachtungen in den Dörfern. Anspruchsvoller und interessanter sind mehrtägige Wanderungen nach Pindaya und zum Inle-See. **50 Dinge** ⑤ › S. 12.

Pindaya ❷ ★ [D6]

Schon von Weitem kann man an einem grünen Berghang die weißen Schreine und Treppenaufgänge der **Tropfsteinhöhle** von Pindaya leuchten sehen. **50 Dinge** ⑩ › S. 13, **50 Dinge** ⑰ › S. 14. Sie birgt im Inneren über 8000 Statuen, darunter einige recht große, aus Marmor, Ziegeln, Lack, Alabaster und Teak. Die älteste datiert aus dem späten 18. Jh. Stellenweise sind die Figuren treppenartig an den Wänden gestaffelt, zu kleinen Labyrinthen gruppiert oder in Seitengängen versteckt. Den Höhleneingang dominiert der vergoldete Shwe-U-Min-Stupa, fast kreisförmig umgeben von goldenen Statuen, die sich im Dunkel dahinter verlieren. Kondenswasser hält drei der Statuen ständig feucht – die »schwitzenden Buddhas« gelten als besonders magisch. Einige der Stalagmiten geben nach Anschlag tiefe, gongartige Töne von sich, die schaurig-schön durch die Gewölbe rollen.

Pindaya **Shan- und Kachin-Staat**

Das mit seinen 150 Jahre alten Banyanbäumen idyllische Marktstädtchen **Pindaya** ist kaum weniger reizvoll als die berühmte Höhle. Der Ort ist auf dem Shan-Plateau angelegt, mit einem kleinen **See** in der Ortsmitte, der von vielen Erwachsenen und Kindern zum Waschen und Baden genutzt wird und daher stets von reger Betriebsamkeit umgeben ist.

Anreise

Die Fahrt von Kalaw ins 48 km nördlich gelegene Pindaya zählt zu den landschaftlich schönsten Strecken des südlichen Shan-Staates, besonders zum Ende der Regenzeit (Oktober/November), wenn die zahllosen gelben Blüten des ölhaltigen Nigersaates die Felder in herrlich leuchtende Blumenteppiche verwandeln.

Hotels

Conqueror Resort Hotel €€
Weitläufige Bungalowanlage unweit der Tropfsteinhöhle mit nettem Restaurant.
- Tel. 01/4481211 | Pindaya
  www.conquerorresorthotel.com

Thahara Pindaya €€
Das stilvolle Shan-Haus mit nur 5 Zimmer im Dorf Thit Al Pin liegt in herrlicher ländlicher Umgebung.
- Tel. 01/4413410 | Pindaya
  www.thahara.com

Shopping

Der Ort ist bekannt für verschiedene Trockenfrüchte sowie *lephet thoke*, pikant eingelegte Teeblätter. Diese Snacks werden am Aufgang zur Höhle angeboten. Der Tee, in appetitliche Bambusröhren verpackt, ist etwa zwei Monate haltbar und damit ein ideales Mitbringsel. Meh-

SEITENBLICK

Die Shan

Völkerkundlich und sprachlich enge Verwandte der Thais, werden die Shan von diesen respektvoll als Thai Yai bezeichnet, die »großen« bzw. »älteren« Thais. Sie selbst nennen sich Tai, kurz und mit weichem »T« gesprochen. Vermutlich haben sie Myanmar vor den Birmanen erreicht, und die Geschichte des Landes ist schmerzlich geprägt von den jahrhundertelangen, wechselvollen Kämpfen der beiden Völker um die Vorherrschaft. Im Shan-Staat gründeten sie in der frühen Neuzeit 34 relativ stabile Fürstentümer, die gemäß dem Panglong-Abkommen von 1947 nach 10-jähriger Bedenkzeit gemeinsame Unabhängigkeit erhalten hätten. Als diese von einigen der Shan-Fürsten tatsächlich gefordert wurde, ließ Ne Win 1962 das Gebiet besetzen und alle Fürsten, die nicht rechtzeitig geflohen waren, inhaftieren. Von einigen hat man seither nichts mehr gehört. Die Forderung nach Unabhängigkeit wurde allerdings nie ganz aufgegeben, und so sind einige Rebellengruppen weiterhin sehr aktiv.

Das kulturelle Erbe der Shan ist schwer nachzuvollziehen, da ihr bevorzugter Werkstoff Teakholz kaum mehr als 200 Jahre übersteht und sich ihre vielen Fürsten niemals für monumentale Architektur begeisterten. Fast alle Shan sind Buddhisten und leben in Dorfgemeinschaften der Hochtäler vom Ackerbau.

rere Handwerksbetriebe schöpfen Papier aus der Maulbeerbaumrinde und produzieren bunte Schirme.

Inle-See 3 ⭐ [D6]
Nyaung Shwe

Vom einstigen Fürstenstädtchen starten die meisten Exkursionen zum touristisch bestens erschlossenen Inle-See, mit dem es durch einen Kanal verbunden ist. Das **Museum** ist im ehemaligen Shan-Palast untergebracht, der in seinem heutigen Zustand eher an eine Rumpelkammer erinnert. Eindrucksvoll sind jedoch zwei Audienzhallen und ein Thron, alles aus Teak, sowie die Sammlung der Buddha-Statuen (Di–So 9.30–16.30 Uhr). Einen recht ungewöhnlichen Anblick bietet der treppenförmige Stupa der **Yadana-Man-Aung-Pagode**, die einige schöne Buddhas und Holzschnitzereien hütet. Besuchenswert ist außerdem der lebendige **Mingalar-Markt. 50 Dinge** ㊴ › S. 16. An der Zufahrtsstraße, ein paar Kilometer nördlich von Nyaung Shwe, liegt das von einem Shan-Fürsten 1888 gestiftete Holzkloster **Shwe Yan Bye Kyaung**, dessen ❗ markante ovale Öffnungen ein beliebtes Fotomotiv sind.

Wenn die Sonne gegen 16 Uhr schon etwas tiefer steht, empfiehlt sich eine **Kanufahrt** durch Schwimmende Gärten zu einigen Dörfern und Handwerksstätten. Zudem bietet sich eine schöne Fahrradtour nach Südosten zu den 4 km entfernten Red Mountain Estate Vineyards & Winery an. Dort können Sie in einem offenen Pavillon bei herrlichem Blick auf den See und leckeren Speisen inmitten der Weinberge die edlen Tropfen probieren. Insgesamt gedeihen neun Rebsorten, darunter Cabernet Sauvignon, Pinot Noir und Sauvignon Blanc. Die Kelterei kann besichtigt werden.

SEITENBLICK

Phaung-Daw-U-Fest

Auf den schmalen Langbooten herrscht Party-Stimmung. Mehrere Dutzend junger Männer stehen hintereinander aufgereiht und schieben mit ihrem Bein das Ruder kräftig nach hinten. Sie singen und lachen, einige tanzen auch. Fast jedes Dorf am Inle-See ist bei der Wasserprozession mit einem eigenen Langboot beteiligt. Miteinander durch Seile verbunden, ziehen die Boote eine goldene Barke mit den berühmten Buddhas aus der Phaung-Daw-U-Pagode von einem Ort zum anderen. Dort werden die Statuen zur Verehrung ins Kloster gebracht, um am nächsten Tag weiter zu ziehen.

Das berühmte Phaung-Daw-U-Fest findet alljährlich in den drei Wochen vor dem Oktober-Vollmond statt. Höhepunkt ist am letzten Tag die Rückkehr der Buddhas in ihre angestammte Pagode in Ywama. Dann messen sich die Einbeinruderer bei Bootsrennen, auf dem bunten Markt herrscht Hochbetrieb und alle sind sich einig, dass dies das schönste Fest im südlichen Shan-Staat ist.

Karte
S. 113

Inle-Se **Shan- und Kachin-Staat**

Wohnen am und auf dem Inle-See

Anreise
Der nächste Flughafen liegt in Heho (1 Std. Fahrzeit), die nächste Bahnstation in Shwenyaung mit Zügen zum Eisenbahnknotenpunkt Thazi in Zentral-Myanmar (ca. 9 Std., schöne Strecke!).

Hotels
In Nyaung Shwe gibt es eine Vielzahl von Unterkünften für jeden Geldbeutel.

Amazing Nyaung Shwe €–€€
Besticht durch stilvolle Zimmer und ein gutes Restaurant am Kanal.
- Yone Gyi Rd. (am Mong-Li-Kanal)
  Nyaung Shwe | Tel. 081/209477
  www.hotelamazingnyaungshwe.com

Princess Garden Hotel €
Tadellos geführte Bungalowanlage mit kleinem hübschem Garten und Pool. Im Haupthaus wird ein üppiges Frühstück serviert.

- Mine Li Quarter | Nyaung Shwe
  Tel. 081/209214
  princessgardenhotel@gmail.com

Restaurants
Golden Kite Restaurant €
Hier bekommen Sie gute Shan- und chinesische Küche. Probieren sollten Sie auch die selbstgemachten Pastas.
- Ecke Myawady Rd./Yone Gyi Rd.
  östl. des Mong-Li-Kanals
  Nyaung Shwe

Mee Mee's House €
Die nette Eigentümerin serviert leckere Shan-Gerichte; auch Boote für Ausflüge werden vermittelt.
- Phaung Daw Seiq St.
  Nyaung Shwe

Auf dem See
Im 22 km langen und bis zu 11 km breiten Gewässer spiegeln sich die Shan-Berge. Wasserpflanzen bede-

cken den gesamten Boden des nur 2–3 m tiefen Sees und drohen ihn allmählich zu ersticken. Die rund um den Inle siedelnden Intha stammen vermutlich von Einwanderern ab, die im 14. Jh. aus Dawei › S. 81 kamen. Ihrem Namen, »Menschen vom See«, machen sie alle Ehre, denn sie haben sich vollständig an das Leben mit und auf dem Wasser angepasst. Die Boote rudern sie meist in einem weltweit einmaligen Stil: stehend mit einem Bein.

Ihre **Schwimmenden Gärten** bestehen aus bis zu 100 m langen, aber nur etwa 1 m breiten Streifen dicht ineinander verwobener Wasserhyazinthen, in denen sich eine dicke, sehr fruchtbare Erdschicht angesammelt hat. Sie werden vom Seeufer losgeschnitten, aufs offene Wasser hinausgeschleppt, dort verankert und dann vom Kanu aus bearbeitet. Das scheinbar aufwändige Verfahren ist wirtschaftlicher als der Anbau entlang des zugewucherten Ufers.

Ywama

Im Dorf Ywama stehen die Holzhäuser auf Pfählen und sind teilweise durch Brücken miteinander verbunden. Die Bewohner haben romantische Wasserwege in die dichte Vegetation geschnitten. Der einstmals stimmungsvolle Schwimmende Markt ist inzwischen leider ein Opfer des Massentourismus geworden. Die Hauptattraktion des Ortes ist das **Phaung-Daw-U-Kloster,** das wichtigste Heiligtum des südlichen Shan-Staates. Hier finden Sie im Erdgeschoss einen Andenkenmarkt und auf einem Podest im Obergeschoss fünf unförmige Goldklumpen, unter denen sich Buddhastatuen verbergen. Da die Bevölkerung sie seit Jahrhunderten mit Goldblättchen bedeckt, haben sie ihre ursprüngliche Gestalt verloren.

Das **Nga-Phe-Chaung-Kloster,** ein 1843 von den Dorfbewohnern gestifteter Teakholzbau, steht außer-

> **! Erstklassig**
>
> **Tolle Wanderungen**
>
> - Rund um **Kalaw** sind die Dörfer der Danu und Palaung beliebte Wanderziele. › S. 113
> - Am Westufer des Inle-Sees führt eine interessante Tagestour von **Indein** durch Pa-O-Dörfer nach Khaungdaing. › S. 119
> - Vom Pagodenfeld in **Kakku** südlich von Taunggyi bietet sich eine 1–2-tägige Wanderung zum Inle-See an. › S. 121
> - **Kyaing Tong** im östlichen Shan-Staat ist eine weitere gute Ausgangsbasis für Trekkingtouren zu Dörfern der Minderheiten, etwa zu den Akha. › S. 121
> - Für anspruchsvolle Trekkingtouristen dient **Putao** im Kachin-Staat als Startpunkt mehrtägiger Touren in die südlichen Ausläufer des Himalaya. › S. 128
> - Der 3109 m hohe **Mt. Victoria** im Chin-Staat ist aufgrund seiner Vogel- und Pflanzenvielfalt ein populäres Ziel für Naturfreunde. › S. 143

Inle-See **Shan- und Kachin-Staat**

halb Ywamas auf dem See. Über 650 Pfähle wurden bis zu 4,5 m in den Seegrund gerammt, um das Gebäude zu stützen. Das Kloster ist auch als »Jumping Cat Monastery« bekannt, weil die Mönche früher ihre samtpfötigen Mitbewohner zum Springen dressierten. **50 Dinge** ㉖ › S. 15.

In Ywama befinden sich zudem einige sehenswerte, wenn auch ziemlich touristische Werkstätten, darunter Cheroot-Manufakturen sowie Silber- und Eisenschmiede. Im Dorf **Inpawkone** lohnt der Besuch einer Seidenweberei. **50 Dinge** ㊳ › S. 16.

Indein [D6]

Über einen Zufluss erreichen Sie das westlich des Sees gelegene Indein. Vom Ort führt ein überdachter Weg auf eine Anhöhe, wo über 1000 halb verfallene Stupas im Shan-Stil (wohl 17. Jh.) den Zentralzedi umgeben und eine verwunschene Stimmung zaubern. Von Indein können Sie auch über einige Dörfer der Pa-O Richtung Norden ❗ nach Khaungdaing (15 km) wandern.

Info

Sonnenschirm und Regenkleidung sind für die Tour unerlässlich. Viele Boote haben dies zwar an Bord, doch sollten Sie sich dessen vor der Fahrt versichern. Der See liegt 900 m ü.d.M., weshalb es zwischen November und Januar morgens noch sehr frisch sein kann.

Hotels

Die genannten Unterkünfte befinden sich auf oder am See.

Verfallene Stupa in Indein

Inle Princess Resort €€€
Wunderschön gelegen und konzipiert – im Stil eines alten Shan-Palastes. Bestes Haus der Gegend.
• Maing Thauk | Inle-See
Tel. 081/209055
www.inleprincessresort.net

Golden Island Cottages 1 und 2 €€
Die beiden Anlagen auf dem See werden ❗ von der Pa-O National Organisation betrieben. Zimmer in stilvollen Bambushütten. Das Restaurant bietet Pa-O- und Shan-Gerichte.
• Nampan bzw. Thale U | Inle-See
Tel. 081/209390 (Nampan)
Tel. 081/209389 (Thale U)
www.gicmyanmar.com

Paradise Inle Resort €€
Liegt auf dem See in der Nähe des Dorfes Maing Thauk. Sehr schöne Zimmer im Bungalowstil.
• Maing Thauk | Inle-See
Tel. 081/3334009
www.kmahotels.com

Shopping

Der Inle-See ist ein wahres Einkaufsparadies. Bei der Bootstour kann man allerlei Handwerksbetriebe aufsuchen, vom Schmied bis zur Weberei. Es macht Spaß, an den Souvenirständen zu feilschen, allerdings lässt die Qualität vieler Waren zu wünschen übrig. Nicht weniges ist „Made in China". Bei angeblicher Seide hilft die »Feuerprobe« › S. 41, bei den Baumwolltaschen sollte man die Nähte genauer inspizieren. Sehr schön sind die Holzschnitzarbeiten, auch bei Lackwaren mit dem schlichten Shan-Design wird man durchaus fündig.

Ausflug nach Sakar 4 ⭐ [D6]

Eine sehr interessante Bootstour führt ins Gebiet der Pa-O südlich des Inle-Sees. Hauptattraktion ist das vom Südende des Sees zwei Bootsstunden entfernte **Sakar** mit Hunderten von Pagoden im Shan-Stil (bei der Tharkong-Pagode).

Auf dem Weg empfehlen sich Stopps in den Dörfern **Thaung Tho** und **Kyauk Daing**, wo alle fünf Tage ein bunter Markt stattfindet. Für den Ausflug benötigen Sie die Genehmigung und einen Guide der Pa-O National Organisation (Kontaktbüro: Phaungdaw Seik St., Nyaung Shwe, Tel. 081/209551).

Hotel und Restaurant
Little Lodge €€
Wunderschöne gediegene Essens- und Übernachtungsmöglichkeit mitten im Dorf. Gute birmanische Küche.

• Sakar. | Tel. 09/6810445
littlesamkarlodge@gmail.com

Taunggyi 5 [D6]

Die Hauptstadt des Shan-Staates liegt auf 1400 m Höhe, von Pinienwäldern umgeben, eingebettet zwischen üppig begrünten Gipfeln – und sie überrascht mit beinahe europäisch kühlem Klima, nachts wird es sogar frisch.

Die florierende Stadt ist Warenumschlagplatz für den Süden des Shan-Staats und für Schmuggelgut zwischen Indien, China und Thailand. Was ihr an Sehenswürdigkeiten fehlt, macht sie mit einer lockeren, multikulturellen Atmosphäre wett, denn hier treffen Chinesen, Bamar, Shan, Gurkhas, Inder, Pa-O und andere Volksgruppen aufeinander.

Stadtrundgang

Das **Shan State Museum** zeigt eine Sammlung von Kleidungsstücken und Gebrauchsgegenständen der in der Region lebenden 30 Minoritäten. Das obere Stockwerk ist dem Panglong-Abkommen von 1947 gewidmet (Mi–So 9.30–15.30 Uhr).

Der riesige **Zentralmarkt** ist in einem modernen gesichtslosen Bau untergebracht, in dem vorwiegend Waren aus China und Thailand umgeschlagen werden. Von der oberhalb der Stadt gelegenen **Wunscherfüllungs-Pagode** haben Sie einen herrlichen Blick in die Ebene um den Inle-See.

Versäumen Sie nicht den Besuch einer Cheroot-Manufaktur – etwa der Red Star Cigar Factory in der Zinyaw Road. 50 Dinge ⑳ › S. 15.

Ausflug

Im Dorf **Ayethaya** am Westrand von Taunggyi erstreckt sich Myanmars erstes 1999 auf 1200 Höhe von einem Deutschen gegründete Weingut. Die edlen Tropfen (inkl. Grappa) kann man im Restaurant bei herrlichem Ausblick kosten.

Info
Das MTT im Taunggyi-Hotel vermittelt Guides, Tel. 081/21303.

Anreise
Taunggyi ist per Bus mit Mandalay und Yangon verbunden. Der nächste Flughafen liegt in Heho (38 km). Der Landweg in Richtung Osten nach Kyaing Tong ist für Touristen gesperrt.

Hotel
Taunggyi Hotel €–€€
Die staatliche Unterkunft liegt inmitten einer netten Parkanlage, doch die Zimmer sind sehr steril. Auch das Restaurant könnte besser sein.
• Shu Myaw Khin Rd. | Taunggyi Tel. 081/21127

Restaurants
Probieren Sie unbedingt »kauk sweh«, eine leckere Nudelsuppe, in einem der vielen Nudelshops.

Ausflug nach Kakku 6 [D6]

Eine Tagestour führt Sie durch mehrere Pa-O-Dörfer zum 42 km

In Myanmar raucht man Cheroots

südlich von Taunggyi gelegenen **Pagodenwald von Kakku** 7. Die mehr als 2500 Stupas im eleganten Shan-Stil (vermutlich 16. Jh.) liegen in einem von der Pa-O National Organisation (PNO) kontrollierten Gebiet. 50 Dinge ⑳ › S. 14. Sie können den Ort auch über einen interessanten, ❗ 1- bis 2-tägigen Wanderweg vom Inle-See aus erreichen. Entlang der Strecke laden Dörfer der Pa-O zu einem Besuch ein.

Vor der Tour müssen Sie in Taunggyi das Büro der PNO (65 Western Circular Rd, Hawgone, Tel. 081/23136) aufsuchen, um zum einen den Eintritt (3 US-$) zu entrichten und zum anderen den obligatorischen Pa-O-Guide (5 US-$) zu engagieren.

Kyaing Tong 7 ⭐ [E5]

Fast ein Millennium lang war Kyaing Tong Hauptstadt eines unabhängigen Fürstentums der mit den Thais eng verwandten Tai-Khün-Minorität. In etwa gleicher Entfernung zu den Grenzen mit China,

Laos und Thailand gelegen, nach allen Seiten durch hohe Berge und breite Flüsse abgeschirmt, konnte sich der 787 m hoch gelegene Ort bis heute eine eigenständige Identität bewahren und ist ❗ Ausgangspunkt für Wanderungen in die Dörfer der Minderheiten. Um den kleinen **Nong-Tong-See** herum ziehen sich enge Gassen, gesäumt von windschiefen Häusern und (leider) immer mehr gesichtslosen Bauten. Als unumstrittenes Zentrum des Grenzhandels der Region erfreut sich Kyaing Tong eines gewissen Wohlstandes: Über 30 Pagoden und Klöster sind Beweis dafür.

Auf dem Zentralmarkt versammelt sich das bunteste Völkergemisch in Myanmar überhaupt: Lisu, Akha und Lahu, die als Ureinwohner der Region geltenden Än, Tai, Tai Khün, Tai Lü und Wa. Auf dem Weg nach Tachilek bietet sich ein Abstecher zum alten, 1600 m hoch gelegenen britschen Außenposten **Loi Mwe** (»Nebelberg«) an.

Anreise

Der Flugplatz von Kyaing Tong wird von Maschinen aus Yangon, Heho und Mandalay angeflogen.
Der Landweg nach Taunggyi ist für Touristen geschlossen. Dafür ist die Straße nach Tachilek (167 km) und Mong La nahe der chinesischen Grenze für Ausländer offen.

Hotels

Princess Hotel €–€€
Die Unterkunft im Stadtzentrum verfügt über 19 angenehme Zimmer und verwöhnt die Gäste mit gutem Service.
- 21 Zaydankalay St. | Kyaing Tong
  Tel. 084/21319 | Fax 084/21159

Noi Yee Motel €
Die Budgetunterkunft in einem schönen Kolonialbau bietet einfache Zimmer.
- 5 Mai Yang St. (Hauptstraße)
  Kyaing Tong | Tel. 084/21144

Harry's Guest House €
Beliebte Travellerbleibe mit verschiedenen Zimmerkategorien am nördlichen Stadtrand. Fahrradverleih.
- 132 Mai Yang Rd. | Kyaing Tong
  Tel. 084/21418

Restaurants

In der Umgebung des Marktes finden Sie eine Reihe einfacher, aber guter

> **SEITENBLICK**
>
> #### Trekking in Myanmar
> Wenn Sie mehrtägige Wanderungen unternehmen wollen, nehmen Sie unbedingt warme Jacken, gute Schuhe, Schlafsack und Moskitonetz von zu Hause mit. Da Sie zumeist in Dorfklöstern oder Privathäusern nächtigen, sollten Sie unbedingt mit einem einheimischen Führer starten, der mit den Bewohnern, meist Angehörige der Minderheiten, kommunizieren kann. Fotografieren Sie nur nach Anfrage und respektieren Sie die religiöse und private Sphäre des Ortes (keine Körperberührungen, niemals Füße gegen Altar oder Personen ausstrecken). Geben Sie Kindern keine Süßigkeiten oder Geld, da dies zum Betteln verleitet. Hinterlassen Sie stattdessen lieber eine Spende und erwerben Sie lokale Handarbeiten.

Tachilek **Shan- und Kachin-Staat**

Thailändische Tagestouristen nutzen den Grenzübergang in Tachilek

Lokale mit Reisnudeln und Suppen im Angebot (nur vormittags!).

Golden Banyan Tree €
Offeriert solide chinesische Gerichte in schlichtem Ambiente. Die Thai-Küche hat wenig mit dem Original gemein.
- Myaing Yang St., gegenüber dem Grab eines Shan-Fürsten

Aktivitäten

Die meisten Unterkünfte, z. B. das Princess Hotel, vermitteln Guides für eintägige Trekkingtouren in die Umgebung.

Tachilek 8 [E6]

Die Grenzstadt erstreckt sich entlang eines schmalen Stromes und ist mit dem thailändischen Mae Sai durch eine Brücke verbunden. Ihre Nachbarschaft zu Thailand zieht wahre Käuferscharen an, meist Tagestouristen und Händler, die hier auf chinesische Raubkopien aus sind – gezahlt wird in thailändischen Baht. Doch außer Shopping hat Tachilek nicht viel zu bieten. Der Aussicht wegen lohnt ein Besuch der **Shwedagon-Pagode**, einer verkleinerten Replik des Yangoner Originals auf einer Anhöhe.

Info

Das MTT-Büro auf der Grenzbrücke, Tel. 084/51023, hilft bei der Reiseplanung und vermittelt Taxis nach Kyaing Tong.

Anreise

Vom nahen Flugplatz starten Flieger nach Mandalay und Yangon. Die Einreise aus/nach Thailand ist problemlos möglich.

Hotel

Allure Resort €€
Bei thailändischen Geschäftsleuten beliebtes Resort direkt am Fluss mit Komfortzimmern und Dutzenden Spielautomaten.
- Tel. +66/1/5301113 (Thailand) Tachilek | www.allureresort.com

Shan- und Kachin-Staat Pyin U Lwin

Der Gokhteik-Viadukt

Pyin U Lwin 9 ⭐ [C5]

In den Bergen östlich von Mandalay liegt in 1100 m luftig-frischer Höhe der alte Erholungsort der Briten: Pyin U Lwin. May Myo, die »Stadt des May« wie die Briten den Ort nach einem Oberst nannten, zieht seit seiner Gründung 1896 eine bunte Menschenschar an: Nepalesische Gurkhas, deren Vorfahren in der Kolonialarmee dienten, indische und pakistanische Geschäftsleute, chinesische Migranten, Shan und andere Minoritäten aus den Bergen sowie nicht zuletzt Bamar, die sich ein Leben im Luftkurort leisten können.

Es gibt einige Kirchen, Moscheen und Pagoden, zwei chinesische und einen Hindutempel, alles ganz hübsch, aber nicht unbedingt sensationell.

Das angenehme Klima, die schöne Landschaft, eine reiche Flora, bunt angemalte Pferdekutschen und die wundervolle Architektur der zahlreichen Villen im Kolonialstil verhelfen dem idyllischen Flecken zu einer herrlich entspannten, nostalgischen Atmosphäre. Schlendern Sie durch den bereits 1917 angelegten, 100 ha großen **Botanischen Garten,** in dem Sie garantiert mit

> **SEITENBLICK**
>
> ### Über den Gokhteik-Viadukt
> Die wohl schönste Bahnstrecke Myanmars führt von Mandalay über Pyin U Lwin und Hsipaw nach Lashio. Die Fahrtzeit für die insgesamt 280 km lange Strecke beträgt 12 bis 14 Stunden. Höhepunkt ist der berühmte, 690 m lange Gokhteik-Viadukt, der über einen tiefen, breiten Taleinschnitt führt. Nach nur neun Monaten Bauzeit konnten amerikanische Ingenieure das 4300 t schwere »Monster silberner Geometrie zwischen Felsen und Urwald«, wie der Schriftsteller Paul Theroux die technische Meisterleistung beschrieb, 1903 fertigstellen.
>
> Östlich von Pyin U Lwin durchquert der Zug zunächst eine fruchtbare Hochebene mit Gemüsefeldern und Obstgärten. Den Viadukt erreicht die Bahn etwa 2½ Std. später. Im Schneckentempo kriecht der Zug über die schwindelerregend hohe Stahlbrücke, die ihr Verfallsdatum längst überschritten hat. Nach insgesamt fast sieben Stunden erreicht er die Fürstenstadt Hsipaw. In der Fürstenstadt können Sie die Fahrt unterbrechen, um später nach Lashio (4–5 Std.) weiterzufahren.

Karte S. 113

Hsipaw **Shan- und Kachin-Staat**

neugierigen Einheimischen ins Gespräch kommen.

Die mehrstufigen **Anisakan-Wasserfälle** einige Kilometer außerhalb lohnen einen ganztägigen Ausflug mit Picknick.

Anreise

Pyin U Lwin liegt an der Bahnlinie und Hauptstrecke Mandalay–Lashio. Sollten Sie nach Mandalay zurückfahren, starten Sie am späten Nachmittag: Die Abendsonne verwandelt die Ebene in ein blendend goldenes Meer.

Hotels

Aureum Resort@Governor's House €€–€€€
Weitläufige, luxuriöse Bungalowanlage an der Einfallstraße aus Richtung Mandalay mit 66 Zimmern und Innenpool. Leider nicht sehr gut gemanagt.
- Mandalay-Lashio Highway
  Pyin U Lwin
  Tel. 085/23215
  www.aureumpalacehotel.com

Kandawgyi Hill Resort €€
Gediegenes Resort unweit eines Sees mit Bungalows und nur 15 Zimmern.
- Nanda Rd.
  Pyin U Lwin
  Tel. 085/21839
  www.myanmartreasureresorts.com

Restaurants

In Pyin U Lwin finden Sie insgesamt eine gute Küche.

Club Terrace €
Hier stimmen Ambiente des Golfklubs und ! die guten Gerichte.

- 25, The Club Rd.
  Pyin U Lwin

Golden Triangle Café & Bakery €
Gutes Gebäck. **50 Dinge** ㉑ › S. 14.
- Main Rd. | Pyin U Lwin

Hsipaw 10 ★ [D5]

Wenn Sie Freude an Berglandschaften und Pagoden oder vielleicht einen Faible für Eisenbahnen haben, dann machen Sie auf einer der schönsten Strecken Myanmars einen Abstecher nach Hsipaw (birm. Thibaw), einer freundlichen Shan-Stadt mit einem netten **Markt** und einem europäisch angehauchten **Shan-Palast**. In dem 1924 fertiggestellten Palastkomplex verbrachte die Österreicherin Inge Sargent neun Jahre ihres Lebens als »Mahadevi Sao Thusandi«.

MIT DEM FAHRRAD kann man Hsipaw und die herrliche Gegend erkunden, vorbei an einem Nat-Schrein, altertümlichen Klöstern und den Grabstätten der Shan-Fürsten.

Die farbenprächtige **Bawgyo-Pagode** liegt 6 km vor der Stadt direkt an den Gleisen. Ihre vier Buddhas sind das größte Heiligtum des nördlichen Shan-Staates. Zu Vollmond im Februar/März wird hier ein rauschendes Fest gefeiert.

Buchtipp:

Ihre Erinnerungen als Frau des Shan-Fürsten schrieb Mahadevi Sao Thusandi in **»Dämmerung über Birma«** (Unionsverlag, Zürich 2006) nieder.

Shan- und Kachin-Staat Lashio

Karte S. 113

Markttreiben in Lashio

Hotel

Mr. Charles Hotel €
Bei Travellern beliebte Komfortunterkunft Trekkingangeboten.
- 105 Auba Rd. | Hsipaw
  Tel. 082/80105
  www.mrcharleshotel.com

Aktivitäten

In der hügeligen Umgebung von Hsipaw bieten sich Spaziergänge und Wanderungen an. Karten und Guides gibt es im Mr. Charles Guest House. Auch das 85 km entfernte Namshan ist eine gute Basis für Wanderungen.

Lashio 11 [D4]

Das 857 m hoch gelegene Lashio liegt an der legendären, einst strategischen »Burma Road« und ist die größte Stadt des nördlichen Shan-Staates. Seit Öffnung der Grenzen zu China Anfang der 1990er-Jahre hat sie sich ganz dem Handel mit dem Nachbarn verschrieben. Über die Hälfte der rund 150 000 Einwohner ist chinesischer Abstammung. An Attraktionen hat die Stadt nicht viel zu bieten, seit sie Mitte des 19. Jhs. bei einer Rebellion der Shan gegen die Bamar nahezu zerstört wurde. Stolz präsentiert sich die chinesische Gemeinde mit ihrem 1950 fertiggestellten, imposanten **Kuan Yin San-Tempel** oberhalb des Stadtteils Lashio Lay. Die Shan ihrerseits bevorzugen die **Mansu-Pagode** aus dem 19. Jh. mit schreckenerregenden Dämonen-Figuren. Ihre vielleicht reisemüden Glieder können Sie in den **heißen Quellen** nordöstlich der Stadt wieder in Schwung bringen.

Anreise

Busse und Züge fahren in 6 bzw. 16 Std. nach Mandalay.

Hotel

Ya Htaik Hotel €
Hotel nahe dem Markt mit angejahrten Zimmern unterschiedlicher Kategorien.
- Bogyoke St. | Lashio
  Tel. 082/22655

Tour im Kachin-Staat

Im hohen Norden

Route: Putao › Myitkyina › Bhamo

Karte: Seite 127
Länge: ca. 500 km
Dauer: mind. 4 Tage (ohne Trekking)
Praktische Hinweise:
- Für den Besuch von Putao benötigen Sie eine Erlaubnis (über Reiseagentur und MTT zu besorgen).
- Zwischen Putao und Myitkyina müssen Sie fliegen (2 × wöchentlich).
- Von Myitkyina nach Bhamo reisen Sie (128 km) am schönsten per Schiff auf dem Ayeyarwady weiter (Übernachten in Simbo!). Mit dem Pick-up sind es mind. 10 Std.

Tour-Start:

Das isoliert gelegene **Putao 1** › **S. 128** eignet sich für anspruchsvolle Trekkingtouren in die einsame Bergwelt oder einfache Wanderungen in der flachen Umgebung.

Nach Ihrem Flug nach **Myitkyina 2** › **S. 128** starten Sie von dort zu Erkundungstouren in die Umge-

Tour im Kachin-Staat

Tour 7

Im hohen Norden
Putao › Myitkyina › Bhamo

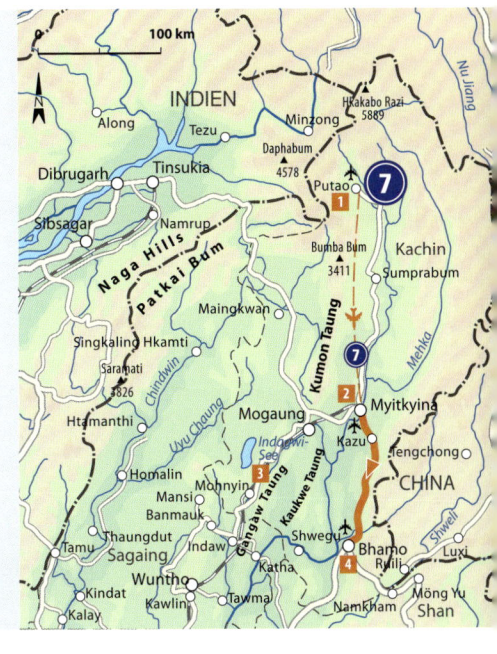

bung, etwa nach Myitson zum Ursprung des Ayeyarwady. Auf dem Fluss fahren Sie später per Boot (auch per Pick-up über schlechte Straße möglich) nach Süden nach **Bhamo** 4 › **S. 129** (von dort ist eine Fahrt mit einer IWT-Fähre nach Mandalay möglich).

Unterwegs im Kachin-Staat

Putao 1 ★ [D1]

Der 1914 von den Briten als »Fort Hertz« gegründete Marktflecken liegt auf 400 m Höhe in einer fruchtbaren Ebene. Putao ist vor allem als Ausgangspunkt für Exkursionen in die südlichen Ausläufer des Himalaya interessant. Von hier aus ließe sich der mit 5881 m höchste Berg Südostasiens, der Hkakabo Razi, ansteuern. Man kann aber auch Ausflüge in die Umgebung machen oder den **Markt** besuchen.

Anreise

Putao ist nur per Flugzeug zu erreichen. Es ist eine Genehmigung nötig, die Ihnen Reiseagenturen in Yangon besorgen.

Hotel
Putao Trekking House €€
Komfortable Lodge mit Holzbungalows – eine ! perfekte Basis für Touren.
- 424/425 Htwe San Lane | Putao
  Tel. 01/660104 (Info und Buchung)
  www.putaotrekkinghouse.com

Myitkyina 2 [D3]

Die recht moderne Hauptstadt des Kachin-Staates liegt in einer Ebene am Oberlauf des Ayeyarwady. Die Kirchen und Pagoden der Stadt sind nicht sonderlich interessant, doch gilt Myitkyina als Hauptumschlagplatz für Jade aus den Minen von Hpakant. Wenn auch der Kauf am Marktstand verlockt: Für die Ausfuhr brauchen Sie den Beleg eines lizenzierten Geschäftes!

SEITENBLICK
Die Kachin

Das in Myanmar Kachin genannte Volk setzt sich aus einer Vielzahl verschiedener Gruppen überwiegend tibeto-birmanischer Abstammung zusammen. Vorherrschende Sprache im Kachin-Staat ist das Idiom seines größten Stammes, der Jingpaw. Prächtig sind die von einigen Gruppen getragenen, mit silbernen Halbkugeln besetzten schwarzen Samtjacken, die auch auf dem Aung-San-Markt Yangons als Blickfang aushängen. In den leichter zugänglichen Niederungen des Staates ist die Bevölkerungsmehrheit christlich missioniert, sonst überwiegen animistische Kulte. Der Kachin-Staat ist eine der vierzehn Verwaltungseinheiten und der nördlichste Staat von Myanmar.

Über die Kultur der Volksgruppen informiert das **Kachin State Museum** im Norden des Zentrums (Di bis So 10–15 Uhr). Die Stämme treffen sich täglich auf dem **Zentralmarkt**. Sie können sie aber auch auf Touren in ihren Dörfern besuchen. Lohnend ist ein Ausflug 50 km nach Norden nach Myitson, wo aus dem Zusammenfluss von Maykha und Malikha der Ayeyarwady entsteht.

Hotel
Golden River Hotel €
Etwas gesichtsloser Kasten in zentraler Lage mit etwas sterilen Zimmern.
- Railway Building 41–43
  Myitkyina | Tel. 074/29095

Shopping
Berühmt ist die Stadt für handgewebte Textilien. Die besten dunklen Kachin-Longyis sind aus einer angenehmen Wolle-Baumwoll-Mischung.

Feste
Zum Nationalfeiertag der Kachin am 10. Januar wird in Myitkyina ein Manao abgehalten, zu dem Stammesmitglieder aus den Bergregionen anreisen: Die Jingpaw beschwören mit Musik, Tanz und Schlachtopfern ihre Schutzgeister.

Indawgyi-See 3 [D3]

Etwa 170 km (6 Std.) südwestlich von Myitkyina erstreckt sich Myanmars größtes Binnengewässer, der Indawgyi-See. Vom Dorf Lonton aus können Sie Bootsfahrten unternehmen, die Shwemyintzu-Pagode besuchen oder Dörfer der Shan-Ni erkunden. **50 Dinge** (6) › S. 12.

Putao ist Startpunkt vieler Exkursionen

Bhamo 4 [D3]

Eine zumindest in Teilen passable Straße führt von Myitkyina nach Bhamo, 128 km südlich. Die im 17. Jh. an einer alten Karawanenroute gegründete Marktstadt ist Treffpunkt der Shan, Chinesen und Kachin. Der **Markt** ist interessanter als der von Myitkyina, ein Besuch umliegender Dörfer noch erlebnisreicher.

Anreise
Von Bhamo verkehren IWT-Fähren nach Mandalay (ca. 3 Tage, › **S. 24**). Regelmäßig Boote von/nach Myitkyina (Eine Übernachtung in Simbo ist erforderlich).

Hotel
Friendship Hotel €
Das sympathische Haus bietet 48 saubere Zimmern, ein gutes Restaurant und arrangiert auch Ausflüge.
- Mingone Quarter | Bhamo
  Tel. 074/50095

AYEYARWADY-DELTA UND DIE WESTKÜSTE

Kleine Inspiration

- **In Pathein** bunte Schirme kaufen › S. 134
- **Am Strand von Chaungtha** mit den Einheimischen plauschen › S. 136
- **Im Museum von Sittwe** tollkühne Frisuren bestaunen › S. 138
- **Das alte Mrauk U** auf einer holprigen Kutschfahrt kennenlernen › S. 139
- **In Ngapali** herrliches Seafood schlemmen › S. 144

Karte S. 133

Tour 8 | 9

Ayeyarwady-Delta und die Westküste

Der 2170 km lange Ayeyarwady weitet sich kurz vor Hinthada, 250 km vor seiner Mündung in die Andamanensee, zu einem gewaltigen Delta. Heute leben dort etwa sieben Millionen Menschen, vor allem Bamar und Karen.

Seit die Briten ab Mitte des 19. Jhs. die ausgedehnten Sumpflandschaften im Ayeyarwady-Delta trockenlegen ließen, ist das fruchtbare Gebiet als Reiskammer Myanmars für die Landwirtschaft nicht mehr wegzudenken. Touristisch ist die Region kaum erschlossen, was nicht zuletzt an der miserablen Infrastruktur liegt. Sie hat sich zwar in den letzten Jahren durch neue Brücken deutlich gebessert, doch viele Orte sind nach wie vor nur per Boot zu erreichen.

Recht passabel ist die Straße von Yangon ins 180 km entfernte **Pathein**, eine multikulturelle Deltastadt mit hübschen Tempeln und kolonialem Flair. Meist dient sie Touristen als Zwischenstation zu den beiden 1–2 Stunden entfernten Stränden am Golf von Bengalen, **Chaungtha** und **Ngwe Saung**. Während Chaungtha eher einheimische Urlauber anspricht, hat sich Ngwe Saung mit mehreren Nobelresorts auf internationale Touristen eingestellt.

Der Westen Myanmars bildet seit Tausenden von Jahren die kulturelle Grenze zwischen den indo-europäischen Völkern Südasiens und den Ostasiaten. Gleichzeitig ist er religiöse Trennlinie zwischen Islam und Buddhismus. Doch davon ist in der lauschigen Bucht von **Ngapali** wenig zu spüren. Hier geht es in erster Linie um Ferien unter Palmen. Im nahen **Thandwe** erinnert noch vieles an die koloniale Vergangenheit als Verwaltungsstadt. Nur wenige Touristen verlieren sich nach **Khantayar**, einem weiteren attraktiven Küstenabschnitt mit netten Stränden, oder auf die exotische **Insel Yanbye**, die im Zweiten Weltkrieg eine strategische Rolle spielte.

Sittwe, die Hauptstadt und der wichtigste Hafen Rakhines, bietet kaum Sehenswertes und ist primär Sprungbrett für die Bootstour nach **Mrauk U**, jenem Ort, wo 350 Jahre das politische Herz der Region schlug. Zahlreiche Ruinen und Tempel geben eindrucksvoll Zeugnis davon. Weiter nördlich liegt die verschlossene Welt des **Chin-Staates**. Aufgrund der schlechten Infrastruktur und fehlender Hotels können nur wenige Gebiete besucht werden, allen voran der 3109 m hohe **Mt. Victoria** im Natmataung-Nationalpark.

Oben: Berühmt für Schirme – Pathein
Links: Am Strand von Chaungtha

Touren in der Region

Tour 8: An den Golf von Bengalen

Route: Pathein › Chaungtha › Ngwe Saung

Karte: Seite 133
Länge: ca. 110 km
Dauer: mindestens 3 Tage
Praktische Hinweise:
- Von Yangon fahren Busse über Pathein nach Chaungtha. Vom dortigen Strand bringt Sie ein gechartertes Fischerboot nach Ngwe Saung (ca. 1 Std.).
- Zurück nach Pathein oder weiter nach Yangon geht es wieder per Bus oder Mietwagen.

Tour-Start:

Von **Pathein 1** › S. 134 führt eine mäßig gute Straße über die Ausläufer des Rakhine Yoma an den Golf von Bengalen nach **Chaungtha 2** › S. 136 (ca. 2½ Std. Fahrzeit), einem beliebten Badeort der Birmanen. Nur 12 km südlich liegt der von Europäern bevorzugte **Ngwe Saung Beach 3** › S. 137.

Mangels Direktverbindung bleibt Ihnen jedoch nur die Fahrt mit einem angeheuerten Fischerboot (1 Std.) oder alternativ mit dem Mopedtaxi entlang einer Staubpiste. Dabei müssen Sie zudem drei Ströme per Fähre überqueren – eine durchaus unterhaltsame Variante (ca. 2 Std.).

Per Mietwagen oder öffentlichem Bus können Sie zurück nach Pathein (1 Std.) oder auch weiter nach Yangon fahren (6–7 Std.). Ungefähr auf halber Strecke bietet sich ein Elefantencamp als Zwischenstopp an.

Tour 9: Im Land der Rakhine

Route: Sittwe › Mrauk U › Sittwe › Thandwe › Nga-pali

Karte: Seite 133
Länge: rund 400 km
Dauer: mindestens 5 Tage
Praktische Hinweise:
- Von Yangon fliegen Sie nach Sittwe. An der dortigen Anlegestelle lässt sich problemlos ein Privatboot nach Mrauk U (mind. 6 Std.) chartern (Hin- und Rückfahrt buchen!).
- Für die Strecke von Sittwe nach Thandwe können Sie entweder fliegen oder das – allerdings wenig gemütliche – Schnellboot nach Taungup nehmen (ca. 8 Std.) und von dort mit dem Taxi nach Thandwe fahren.
- Für die Fahrt nach Ngapali (50 km) empfiehlt sich ebenso ein Taxi.

Tour-Start:

Die knapp einwöchige Reise in den Westen Myanmars hat ihre ganz eigenen Reize und verbindet wunder-

Ayeyarwady-
Tour 8 | 9 Delta und die Westküste

Karte S. 133

bar Strandurlaub mit Kultur. Nach Ihrer Landung in **Sittwe** 4 › S. 138 und einem halbtägigen Rundgang durch die mäßig spannende Hauptstadt Rakhines reisen Sie am zweiten Tag mit Ihrem Charterboot den stimmungsvollen Kaladan-Fluss entlang weiter nach **Mrauk U** 5 › S. 139. In der alten Königsstadt können Sie die trutzigen Tempelruinen und eleganten Stupas am besten mit Fahrrad – oder romantischer mit Pferdekutsche – erkunden. Einschließlich des interessanten Ausflugs Richtung Norden zum einstigen Sitz des Mahamuni-Buddhas benötigen Sie dafür etwa zwei Tage.

Am 4. oder 5. Tag kehren Sie frühmorgens mit Ihrem Boot zurück nach Sittwe, um anschließend weiter nach **Thandwe** 10 › S. 143 zu fliegen. Von der alten kolonialen Verwaltungsstadt, wo in den 1920er-Jahren Eric Arthur Blair alias George Orwell als junger Polizist weilte, fahren Sie weiter zum wenige Kilometer südlich gelegenen Strand von **Ngapali** 11 › S. 144. Dort liegt es an Ihnen, wie viele Tage Entspannung und Seafood-Schlemmen Sie sich gönnen möchten.

Touren in der Region

Tour 8
An den Golf von Bengalen
Pathein › Chaungtha › Ngwe Saung

Tour 9
Im Land der Rakhine
Sittwe › Mrauk U › Sittwe › Thandwe › Ngapali

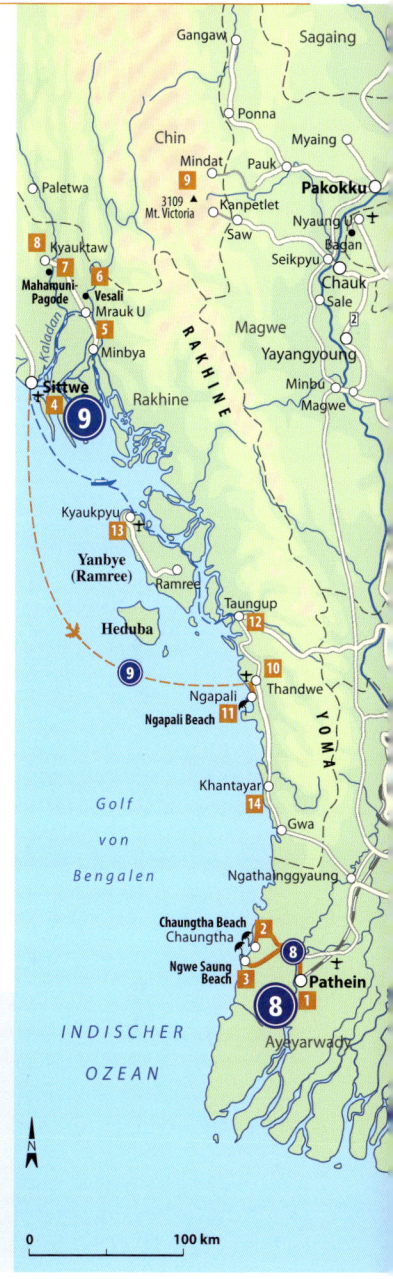

Unterwegs im Ayeyarwady-Delta und an der Westküste

Pathein 1 ★ [C8]

Die schon zu Bagan-Zeiten wichtige Hafenstadt mit 300 000 Einwohnern besitzt eine exotische Bevölkerungsmischung: buddhistische Rakhine und Bamar, muslimische und hinduistische Inder sowie eine große Zahl christlicher Karen, deren ursprüngliches Siedlungsgebiet an der thailändischen Grenze liegt. Der Ethno-Mix ist eine Folge jener Zeit, als die Briten die von ihnen »Bassein« genannte Stadt zum Umschlagplatz für Reis ausbauten.

Shwemokhtaw-Pagode

Ganz in Gold, Rot und Ocker gehalten, Gebäude und Aufgänge sämtlich mit Spiegelmosaiken verziert, strahlt die Pagode im Herzen der Stadt bei allem Glitzern eine außerordentliche Wärme und Gediegenheit aus. Bereits im 3. Jh. v. Chr. soll der indische Herrscher Ashoka an der Stelle der heutigen Pagode einen Stupa errichtet haben, um verschiedene Buddhareliquien aufzubewahren. Gesichert ist, dass 1115 der Stupa anlässlich eines Besuchs des Bagan-Königs Alaungsithu auf 11 m erhöht wurde. Auf Wunsch der Mon-Herrscherin Ommadanti nahm die Pagode des »sechszölligen Goldbarrens« 1263 ihre heutige Form an. Der Stupa wurde später auf das heutige Maß, gut 50 m, erhöht. An der Spitze des dreistufigen

SEITENBLICK

Mangroven als Schutzwall

Entlang der breiten Flussarme im Mündungsbereich des Deltas wirken die ökologisch wertvollen Mangrovenwälder wie natürliche Salzwasserfilter. Sie sind nicht nur Heimat bedrohter Tierarten, vor allem von Wasservögeln und Reptilien, sondern dienen mit ihren markanten Stelzwurzeln auch als eine Art Schutzwall gegen Erosion und hohe Wellen. Doch vielerorts sind die Mangrovenbäume verschwunden, weil die meist bitterarmen Bewohner das Holz als Brennstoff verwenden. Waren im frühen 20. Jh. noch mehr als 2400 km² mit Mangrovenwäldern bedeckt, eine Fläche so groß wie das Saarland, so sind es heute weniger als ein Fünftel. Der Waldschwund ist angesichts steigender Meeresspiegel infolge der globalen Erderwärmung fatal. Umweltexperten sind überzeugt, dass der verheerende Zyklon Nargis im Mai 2008 deshalb so viele Opfer forderte, weil der schützende Mangrovengürtel fehlte. Für die Zukunft befürchten sie daher ähnliche schlimme Naturkatastrophen. Immerhin gibt es Bemühungen, den Trend der Abholzung zu stoppen. So wurde südlich von Bogalay die 26 km lange Flussinsel Meinmahla Kyun 1994 zum Schutzgebiet erklärt.

Hti funkeln 829 Diamanten, 843 Rubine und 1588 andere Edelsteine.

Der dick vergoldete Hauptbuddha sitzt sicher hinter Gittern in einem Schrein am Südaufgang. In den Ecken des Komplexes finden sich, von Süden ausgehend im Uhrzeigersinn, ein bildhübscher Stupa für die Wochentage, eine Statue des elefantenköpfigen Hindugottes Ganesh und dahinter, über einem Schildkrötentümpel, der Schutzgeist Shin Upakote.

An der nächsten Ecke steht der Schutz-Nat der Pagode, der heute auch über die zahlreichen Wahrsager am angrenzenden Platz wacht. Dort ist auch eine recht kitschige, gleichwohl hochverehrte Skulptur eines Frosches, der eine Schlange frisst. Wer auf dem Fußabdruck davor betet, so heißt es, auf den überträgt sich die in diesem Kampf freigesetzte Energie. Das große Fest der Shwemokhtaw-Pagode findet jährlich zum Vollmond im April/Mai statt.

Weitere Sehenswürdigkeiten

Die muslimische Königin Ommadanti soll nach einer Sage drei buddhistische Gatten gehabt und von jedem den Bau einer Pagode verlangt haben. Die erste war Shwemokhtaw, die zweite fiel dem Zahn der Zeit zum Opfer, die dritte, die **Tagaung**, finden Sie etwa 1 km südlich des Stadtzentrums. Vor ihrem Hauptaltar sitzen acht verblüffend lebensecht wirkende Mönchsfiguren.

Auf dem Weg zurück in die Stadt können Sie noch einen Blick auf die kleine **Shwezigon-Pagode** mit einem kolossalen sitzenden Buddha werfen. An die Shwemokhtaw grenzt im Süden das Geschäftsviertel mit einem sauberen **Markt**. Auf der Balustrade im oberen Stockwerk gibt es nette Teashops, von denen aus sich das Treiben des Marktvolkes gut verfolgen lässt. **50 Dinge** ⑬ › **S. 13**.

Neugierige Novizen

Anreise

Zwischen Pathein und Yangon verkehren mehrmals täglich komfortable Busse. Mit dem Auto benötigen Sie rund 5 Stunden von Yangon (180 km). Besonders reizvoll ist die Anreise mit der IWT-Fähre › **S. 24**, buchen Sie aber unbedingt einen Kabinenplatz.

Hotels

La Pyae Wun Hotel €
Freundliches Haus mit 42 Zimmern. In den hinteren kann allerdings der Generator nerven.
- 30 Mingyi St. | Pathein
  Tel. 042/24669

Pathein Hotel €
Liegt ein paar Kilometer außerhalb an der Straße nach Yangon und verfügt über 24 saubere, geräumige Zimmer.
- 6 Bandoola St. | Pathein
  Tel. 042/25138

Restaurant

Kha Kha Gyi €
Serviert ordentliche birmanische Currys.
- 68 Mingalar St. | Pathein
  beim Ostzugang der Shwemokhtaw-Pagode

Shopping

Pathein ist vor allem für zwei Produkte bekannt: Halawa, eine auf Sesam basierende Süßigkeit, sowie die berühmten Schirme (Pathein Hti) aus Stoff und Bambus. Das **Shwe Myin Bien,** Merchant St., verkauft Halawa. Die bunt bemalten sind beliebte Reiseandenken. Robuster und auch wasserdicht sind die dunkelroten, anfänglich stark riechenden Schirme. Im **Shwe Sar Umbrella Workshop** in der Tawya Kyaung St. können Sie den Herstellungsprozess verfolgen, ein alteingesessener Familienbetrieb für Schirme ist **Daw Yin,** 47 Merchant St.

Umgebung

Von Pathein aus bieten sich halb- oder ganztägige **Bootsfahrten** durch die Kanäle und Flussarme an. Sie eröffnen eine faszinierende Welt mit Mangroven, Nipa-Palmen und Reisfeldern. **50 Dinge** ⑪ › S. 13. Rund 23 km westlich von Pathein können Sie an der Straße nach Ngwe Saung einen Stopp im **Elefantencamp** einlegen. Die grauen Riesen tragen Sie auf ihrem Rücken gemächlich durch den Wald.

Chaungtha ② [B8]

58 km nordwestlich von Pathein erstreckt sich am Golf von Bengalen der sichelförmige, 2,5 km lange Strand von Chaungtha. Zwischen den Kasuarinen und Kokosnusspalmen tummeln sich an Wochenenden und Feiertagen bevorzugt die Einheimischen: das bedeutet ❗ viel Lokalkolorit überall am Strand mit netten Begegnungen und spontanem Ballspiel. Fischerboote bringen Sie in ein paar Minuten zur **White Sand Island** (Thepyu Kyun) zum Baden und Plantschen. Abends geht es in eines der zahlreichen Restaurants mit leckeren Seafood-Gerichten und zum anschließenden Smalltalk in die Tea Shops.

Anreise
Zwischen Yangon und Chaungtha verkehren Busse via Pathein.

Hotels
Belle Resort €€
58 Zimmer, schöne Atmosphäre, Pool, Restaurant, Fahrradverleih, Massage.
- Chaungtha
  Tel. 042/42112
  www.belleresorts.com

Hotel Max €€
Die größte Bleibe am Südende des Strandes mit komfortablen Bungalows samt Pool, Spa und Tennisplatz.
- Chaungtha | Tel. 042/42346
  www.maxhotelsgroup.com

Shwe Hin Tha Hotel €
Die beliebte Budgetunterkunft mit 37 Zimmern arrangiert auch Touren, u. a. eine schöne Bootstour entlang des von Mangrovenbäumen und Nipapalmen gesäumten U Do Chaung.
- Chaungtha | Tel. 042/42118

Ngwe Saung 3 ⭐ [B8]

Der »Silberne Strand« erstreckt sich südlich von Chaungtha und ist neben Ngapali ❗ **der schönste Strand Myanmars**. Über 14 km feiner Sand, im Wind wogende Palmen und mehrere erstklassige Resorts ziehen in erster Linie ruhesuchende Touristen mit dickerem Geldbeutel an. Einige vorgelagerte Inseln wie etwa **Bird Island** laden zum Tauchen und Schnorcheln an, während die markante **Zwillingspagode** (Kyauk Maung Hna Ma) zum Sonnenuntergang ein beliebter Treff der Einheimischen ist. Ein schöner Ausflug führt nach **Sinma. 50 Dinge** ⑦ › S. 12.

Anreise

Nach Yangon verkehrt tgl. ein Direktbus (sehr einfach!). Mit dem Mietwagen benötigen Sie 5–6 Std. nach Yangon.

Hotels

Myanmar Treasure Beach €€
Optisch opulente und gut gemanagte Bungalowanlage der gehobenen Klasse mit tollem Pool und tadelloser, aber teurer Gastronomie.
- Ngwe Saung
  Tel. 01/399334 (Buchung)
  www.myanmartreasureresorts.com

Palm Beach Resort €€
Überschaubare und gut geführte Unterkunft mit ❗ **31 hübschen Bungalows**. Netter Pool und ausgezeichnetes Essen. Eine gute Wahl.
- Ngwe Saung | Tel. 01/504528
  palmbeachgwesaung@gmail.com

Shwe Hin Tha Hotel €
Die Bungalowanlage mit verschiedenen Standards zählt zu den kostengünstigsten Wohnoptionen und ist daher bei Rucksacktouristen sehr populär. Das liegt auch an der tollen Meereslage und den Ausflugsangeboten.
- Tel. 042/40340, 09/5200618

> **❗ Erstklassig**
>
> ### Myanmar gratis
>
> - Die besseren Hotels und Resorts bieten häufig den kostenlosen Transfer zur Unterkunft an.
> - Dank Gratis-WLAN in vielen Hotels und Cafés können Sie die Kommunikationsdienste Skype und WhatsApp kostenlos nutzen.
> - Ohne Gebühr Geld abheben, kann man in Myanmar mit Karten der Consorsbank, Deutschen Kreditbank, Comdirect und Wüstenrot Bank. Auch die Visa-Funktion ist bei diesen Banken gratis.

Sittwe 4 [A6]

Die Hauptstadt Rakhines – im nördlichsten Winkel der Westküste und von Pathein nur mit dem Flugzeug zu erreichen – erstreckt sich auf einer Halbinsel zwischen einem Flusslauf, einem grünen, morastigen Strand mit ausgedehnten Hafenanlagen und einer formidablen Aussicht auf die bergigen Inseln des Golfes sowie einem breiten, flachen, sehr langen, grauen Sandstrand. Spärlich bewachsen, erinnert er auf den ersten Blick eher an eine riesige Baustelle, doch der Sand ist sauber und äußerst fein.

Mit knapp 200 000 Einwohnern zählt der von den Briten Akyab genannte Ort zu den größten Städten Myanmars. Mit zahlreichen traditionellen Rakhine-Villen und einigen repräsentativen Kolonialstilbauten ist er auch optisch ansprechend. Der indische Einfluss ist spürbar, immer wieder kommt es leider zu Übergriffen gegenüber den Muslimen.

Im **State Cultural Museum** neben dem **Markt** werden englisch beschriftete Exponate, Modelle und Schaubilder zu Kultur und Geschichte der Region gezeigt, die Sie sich zum besseren Verständnis Rakhines nicht entgehen lassen sollten. Nicht nur Friseure werden an den 64 Haartrachten Gefallen finden, die den Frisuren der weiblichen Figuren aus der Dukhanthein-Pagode in Mrauk U nachempfunden sind (Di–So 10–16 Uhr).

Sehenswert ist auch das **Buddhistische Museum** auf dem Gelände des Klosters Mahakuthala Kyaungdawgyi an der Hauptstraße, das viele alte Buddhastatuen aus der Vesali-Periode (4.–9. Jh.) und aus der Blütezeit von Mrauk U (15.–18. Jh.) birgt (tgl. ca. 9–16 Uhr).

Anreise

Sittwe wird täglich von Yangon angeflogen. Mit dem Schnellboot kann man über Kyaukpyu nach Taungup fahren und von dort zum Ngapali Beach weiterreisen.

Hotels

Noble Hotel €
Saubere Zimmer mit etwas Komfort, nettes Personal, an der Bar gibt es Whisky und Wein – was braucht man mehr?
• 45 Main Rd.
Sittwe
Tel. 043/23558
noble@myanmar.com.mm

Shwe Thazin Hotel €
Das Mittelklassehotel unweit des zweiten Uhrturms bietet freundliche, aber etwas kleine Zimmer.

Im Hafen von Sittwe

- 250 Main Rd. | Sittwe
  Tel. 043/23579
  stz@myanmar.com.mm

Restaurants

May Yu Restaurant €
Hier essen Sie in entspannender Hof-Atmosphäre und können neben guten Fischgerichten auch frisches Fassbier genießen.
- Strand Rd. | Sittwe

River Valley Restaurant €
Das beliebte Lokal tischt neben chinesischen Gerichten sehr leckere Rakhine-Speisen auf. Gutes Seafood.
- 5/7 Main Rd., neben dem Palace Hotel Sittwe

Shopping

In Sittwe können Sie die berühmtem Rakhine-Longyis erstehen, erkennbar an den dicken Stoffen mit geometrischem Muster. **50 Dinge** ⑮ › S. 13.

Mrauk U 5 ⭐ [B6]

Die letzte und gleichzeitig bedeutendste Hauptstadt des unabhängigen Rakhine wurde 1430 gegründet und war über 350 Jahre ein Brennpunkt des Handels zwischen Süd- und Südostasien. Von einem ausgedehnten und ausgeklügelten System von Wällen und Wassergräben geschützt, die geschickt in die Hügellandschaft platziert wurden, hielt sich die Stadt im Strudel fortwährender Kriege, bis sie 1785 zusammen mit dem ganzen Königreich an Birma fiel.

Wie ein Miniaturgebirge ziehen sich die Überreste der einst 30 km langen Befestigungsanlagen durch die Gegend. Wuchtige Grundmauern in der Ortsmitte umschließen einen weiten Platz, auf dem früher der Königspalast stand. An einer Stelle wurde ein Zugang zu den verschütteten unterirdischen Gelassen geöffnet. Ein kleines **Museum** stellt Funde aus ganz Rakhine aus, darunter Buddhas, Inschriften und Waffen (Mi–So 10–16 Uhr).

Auf einem Spaziergang durch den Ort können Sie Brunnen bewundern, deren Dimensionen in keinem Verhältnis zu dem heutigen, unscheinbaren von Mrauk U stehen und Ihnen die einstmalige Größe vor Augen führen.

Tempel im Zentrum und Osten

Die in der Umgebung der Stadt verstreut liegenden Tempelanlagen lassen sich am besten mit der Pferdekutsche erkunden. Als prachtvollstes Bauwerk gilt der 1535 vollendete **Shittaung**. Von außen an eine überdimensionale Geburtstagstorte erinnernd, birgt der »Tempel der 80 000 Bildnisse« in seinen verwinkelten Gängen schaurig-schöne, teilweise bemalte Steinreliefs mit

> **SEITENBLICK**
>
> ### Rakhine-Bier
>
> Das bekannte Rakhine-Bier, ein säuerliches, schäumendes und leicht alkoholisches Getränk auf Palmsaftbasis, kann man am Stadtrand in einer Reihe lauschiger, verwilderter Gärten genießen, wo es gebraut und auch ausgeschenkt wird.

Ayeyarwady-Delta und die Westküste Mrauk U

Der Htukkhan-Thein-Tempel von Mrauk U

religiösen Szenen und Darstellungen aus dem Alltag. Besondere Beachtung finden ein Liebespaar und ein Fußabdruck Buddhas.

Nur einen Steinwurf entfernt liegt der ähnlich gestaltete **Andaw** (16. Jh.), dessen Innenkorridore eine Vielzahl von Buddhafiguren schmücken. Grund für den Bau war die Kopie einer Zahnreliquie Buddhas aus Sri Lanka. Der im Zweiten Weltkrieg schwer beschädigte, 60 m hohe und sich nach oben verjüngende **Ratanapon-Stupa** erstrahlt nach seiner Restaurierung wieder in seiner alten Eleganz. Ein rechts davon abgehender Weg führt an einer netten Siedlung vorbei zu einem kleinen Hügel mit den beiden vergoldeten Stupas **Ratana Sanroway** und **Ratana Hmankin**.

Wie eine Festung wirkt der auf einem Plateau ruhende **Htukkhan-Thein-Tempel** von 1571. **50 Dinge** ㉙ › **S. 15**. Von den ursprünglich 48 Bibliotheken zur Aufbewahrung des Pali-Kanons ist nur der 1591 errichtete **Pitaka Taik** erhalten geblieben. Der rechteckige Bau lohnt aufgrund seiner sehr schönen Außendekoration einen Blick.

Elegant streben die beiden gut erhaltenen Stupas des **Laungbanpyauk** und **Leymyethna** (»Vier Gesichter«) in die Höhe. Sie werden allerdings von dem 1629 fertiggestellten, 85 m hohen **Sakyamanaung** überragt. Nicht versäumen sollten Sie den

Karte S. 133 — Ausflüge von Mrauk U — **Ayeyarwady-Delta und die Westküste**

Besuch des **Kothaung** im Osten von Mrauk U. Der »Tempel der 90 000 Bildnisse« wurde 1553 gestiftet und leitet seinen Namen von den unzähligen, in die Galeriewände geschlagenen Miniatur-Buddhafiguren ab.

Tempel im Süden

Südlich des ehemaligen Palastkomplexes stoßen Sie auf die beiden Reservoirs **Leksekan** und **Anumakan**, die einst nicht nur der Bewässerung, sondern auch der Verteidigung der Stadt dienten – innerhalb kurzer Zeit konnten sie entleert werden. Weithin sichtbar ist der seitlich der Gewässer auf einem Hügel thronende **Shwetaung-Stupa** (1553). In der Nähe erhebt sich auch der fast 100 Jahre ältere **Kalamyo.**

Der Besuch des **Minkhamaung-Tempels** (Ende 16. Jh.) am Rand des Anumakan-Sees lohnt aufgrund der reichen Ornamentverzierungen am Eingang. Nicht weit davon entfernt beeindruckt die »Pagode des über Mara siegenden Buddhas«, **Jinamanaung** (1658), mit ihrem achtseitigen Grundriss. Der massive **Wuthay-Buddha,** weiter nordwestlich in Richtung Palast, ist mit 4 m die größte Statue des alten Mrauk U und wurde zur Krönung des Königs Tazarta im Jahr 1515 errichtet.

Anreise

Die Anreise ist nur per Schiff von Sittwe aus möglich (mind. 6 Std.), größtenteils ist es eine reizvolle Fahrt den Kaladan-Fluss entlang.

Die RÜCKFAHRT NACH SITTWE sollten Sie frühmorgens planen, falls Sie noch den meist mittags startenden Flieger nach Yangon erreichen möchten!

Hotels

Mrauk U Princess Resort €€–€€€
Das weitläufige Resort liegt etwas abseits am Fluss. Die 21 rustikalen Zimmer sind im Stil traditioneller Häuser errichtet. Entspannung verspricht das Spa.
- Tel. 043/50235, 50232 | Mrauk U
  www.mraukooprincessresort.net

Nawarat Hotel €–€€
Engagiert geführtes Hotel mit sauberen, klimatisierten Bungalows. Gutes Preis-Leistungs-Verhältnis. Vermittelt Wagen mit Fahrer.
- Nähe Shittaung-Tempel | Mrauk U
  Tel. 01/703885 | Fax 01/578786

Restaurants

Danyawaddy Restaurant €
Ist mit Gegrilltem und Fassbier ebenfalls empehlenswert.
- an der Hauptstraße | Mrauk U

Moe Cherry €
Hier gibt es nach Vorbestellung
❗ bestes Essen in netter Umgebung.
- nahe dem Nawarat Hotel | Mrauk U

Ausflüge von Mrauk U

Zu den Chin-Dörfern

In den nördlichen Ausläufern des Rakhine Yoma siedeln die Angehörigen der Chin-Minderheit. Einige ihrer Dörfer können von Mrauk U im Rahmen einer Tagestour besucht werden. Wenn Sie die Tour nicht über ihr Hotel organisieren wollen, fahren Sie wenige Kilometer mit dem Leihfahrrad in Richtung Osten am Kothaung-Tempel vorbei bis zum Ufer des Lemro-Flusses (auch Leymyo), eines Nebenarms des Kaladan. Im gegenüberliegenden Dorf mieten Sie sich ein Boot und fahren damit ca. 3 Std. den Lemro entlang bis zum Chin-Dorf **Pan Paung**.

Vesali und Dhanyawadi

Entlang der Straße nach Norden liegen die spärlichen Überreste der ältesten Rakhine-Städte, darunter **Vesali** 6 [B6], etwa 10 km nördlich von Mrauk U, das vom 4. bis ins 9. Jh. Zentrum Rakhines war. Doch abgesehen von ein paar Fundamentresten, überwucherten Stuparuinen und einer verehrten, 5 m großen Buddhastatue ist dort nichts mehr zu sehen.

Beeindruckender ist die landschaftlich reizvolle Weiterreise nach **Dhanyawadi**, 40 km nördlich von Mrauk U. Dort lag bis ins 4. Jh. das Zentrum Rakhines. Auf einem flachen Hügel inmitten weiter Felder erblicken Sie die von weißen Mauern umschlossene **Mahamuni-Pagode** 7 [B6]. Der goldene, mit einer Krone geschmückte Buddha im Inneren ist das bedeutendste Heiligtum der Rakhine. Das Original wurde an dieser Stelle im 2. Jh. gegossen, 1784 von den Bamar nach Mandalay › **S. 101** gebracht. Auch die riesige Tempelglocke ist eine Nachbildung, nachdem die echte plötzlich verschwunden war. »Rakhine wird unabhängig sein, solange der Maha Muni auf dem Sirigutta-Hügel steht und die Yattara-Glocke dort ertönt«, sagt die Legende …

Zum Vollmond im Februar/März zieht das mehrtägige Mahamuni-Fest Zehntausende an. Dann können Sie auch die traditionellen, von vielen Klamaukeinlagen begleiteten Rakhine-Ringkämpfe sehen.

Kyauktaw 8 [B6]

Knapp 10 km von Dhanyawadi entfernt verläuft hinter einer mit Pagoden besetzten Hügelkette der Hauptarm des Kaladan. Am gegenüberliegenden Ufer zieht sich malerisch das Städtchen Kyauktaw hin. Von dort können Sie eine angenehme Fahrt auf dem schönen Fluss bis

Buddha der Mahamuni-Pagode

nach Sittwe machen, von wo es täglich Flüge nach Yangon gibt.

Hotel
Everest Guesthouse €
Primitive Zimmer, aber mit schönem Blick auf den Fluss.
• Kyauktaw

Chin-Staat

Der bergige, vielerorts noch mit Dschungel überzogene Chin-Staat im Westen Myanmars zählt zu den unerschlossensten Regionen Asiens. Nur rund eine halbe Mio. Menschen leben in dem Staat, der mit 36 000 km² etwa so groß wie Baden-Württemberg ist; mehrheitlich Angehörige einer der 40 Chin-Stämme – etwa Yindu, Matu oder Khami. Mangels Infrastruktur und aus Sicherheitsgründen ist der Staat entweder gar nicht oder nur mit Genehmigung bereisbar. Problemlos zu besuchen ist hingegen der **Natmataung-Nationalpark**.

Mt. Victoria 9 ⭐ [B6]
Immer beliebter werden ❗ mehrtägige Trekkingtouren auf den 3109 m hohen Mt. Victoria (Natmataung). Er liegt im Natmataung-Nationalpark und ist ein Refugium seltener Pflanzen und Vögel. Zu den botanischen Highlights zählen Rhododendren und Orchideen. **50 Dinge** ④ › **S. 12**. Allerdings ist diese Tour nur von Bagan › S. 90 aus zu organisieren. Von der Tempelstadt fahren Sie zunächst nach Chauk, überqueren den Ayeyarwady, bevor es weiter über eine schlechte Straße nach **Kan-**

Kunstvolles aus Rattan

petlet (Kampalat) geht, was mindestens 8 Std. Fahrzeit in Anspruch nimmt. Dort beginnt nach einer Übernachtung im Gästehaus und einer kurzen Weiterfahrt der Trek bis zum Gipfel. Der Abstieg führt nach **Mindat,** wo Sie in einem einfachen Gästehaus übernachten. Am nächsten Tag kehren Sie über Pakokku nach Bagan zurück (9–10 Std.).

Diese SEHR REIZVOLLE TOUR organisieren Sie besser über eine auf Trekkingtouren spezialisierte Reiseagentur, etwa SST Tourism (Nordflügel von Aung San Stadium, Tel. 01/255536, www.ssttourism.com).

Thandwe 10 [B7]

Wenige Kilometer nördlich von Ngapali und mit dem Sidecar gut erreichbar, liegt der ehemalige, einst Sandoway genannte britische Verwaltungsort. Das urgemütliche Städtchen mit alten Teakholzvillen hat seit der Kolonialzeit nichts von seinem Charme eingebüßt.

Drei kleine Pagoden blicken von Hügeln über die Stadt und den

Ayeyarwady-Delta und die Westküste — Ngapali

Malerischer Strand von Ngapali

gleichnamigen Fluss – allein wegen der Aussicht sollten Sie eine davon besuchen. Die **Shwesandaw** soll ein Haar, die **Shweandaw** einen Zahn und die **Shwenandaw** eine Rippe Buddhas enthalten. Letztere ist vielleicht die hübscheste; ihr Stupa wird von einem kupfernen Relief umlaufen, das einen Nat darstellt.

Anreise
Der Flughafen wird von Yangon und Sittwe aus saisonabhängig mehrmals täglich angeflogen. Die Anreise über Land ist zeitaufwändig und beschwerlich.

Ngapali [11] ☆ [B7]

Dank des Flughafens im nahen Thandwe ist Ngapali ❗ Myanmars beliebtester Badeort: Viele Kilometer sauberer Strand mit feinem, hellem Sand und hervorragendem Wasser, Palmen und Kasuarinen zieht sich entlang mehrerer Buchten. Nachts funkeln die hell erleuchteten Fischerboote wie herabgefallene Sterne. Den Fang bekommen Sie frisch zubereitet in einem der netten Seafood-Lokale serviert. Zum Schnorcheln können Sie sich zur **Pearl Island**, einer vorgelagerten Insel südwestlich des Strands fahren lassen, ansonsten bieten sich auch die nahen **Fischerdörfer** zum Spaziergang an.

Hotels

Bayview Resort €€€
Gediegene Bungalowanlage mit hervorragender Küche und netter Strandbar, wo sich die vorwiegend deutsche Klientel zum Sundowner trifft. Es gibt auch einen Pool.
- Ngapali | Tel. 01/504471
  www.bayview-myanmar.com

Sandoway Resort €€€
❗ **Sehr gut geführtes Edelresort** mit geschmackvoll eingerichteten Bungalows unterschiedlichen Standards, großem Pool, Spa und offenem Restaurant.
- Ngapali | Tel. 043/42233
  www.thesandowayresort.com

Laguna Lodge Ngapali €€
Privates Gästehaus direkt am Strand mit 12 individuell gestalteten Zimmern. Engagiert geführt. Strom gibt es nur abends. **50 Dinge** (18) › S. 15.
- Ngapali | Tel. 043/42312
  www.lagunalodge-myanmar.com

Restaurants
Zahlreiche einfache Restaurants entlang der Strandstraße bieten hervorragendes Seafood zu günstigen Preisen an.

Yanbye-Insel 13 [B7]

Von **Taungup** 12 [B7] (auch Taunggok genannt), einem recht unattraktiven Nest, ungefähr 50 km nördlich von Thandwe, verkehren mehrmals wöchentlich (je nach Wetterlage) Boote nach **Kyaukpyu**, dem Hauptort von Myanmars größter Insel Yanbye (vormals Ramree). Die Fahrt führt an den einsamen Ufern des Taungup-Flusses vorbei und anschließend durch ein wahres Labyrinth kleiner Inseln im Golf von Bengalen.

Entlang der **Georgina Point,** einer Hügelkette an der Nordspitze der Insel, stehen einige attraktive Pagoden. Um diese Hügel lieferten sich zum Ende des Zweiten Weltkrieges Briten und Japaner erbitterte Gefechte.

Wegen der starken Militärpräsenz sollten Sie sich gleich nach der Ankunft bei der IMMIGRATION melden.

Anreise
Der Flughafen von Kyaukpyu wird regelmäßig von Yangon aus angesteuert. Auf der Strecke Taungup–Kyaukpyu–Sittwe verkehren mehrmals wöchentlich Schnellboote (mind. 8 Std.) und IWT-Fähren (insgesamt 2–3 Tage).

Khantayar 14 [B8]

Endlose Strände, abwechselnd mit Palmen und Kasuarinen gesäumt, erstrecken sich von hier über 170 km nach Norden bis Ngapali. Wasser und Sand sind gleichermaßen erste Wahl und machen dem Namen, »Schöner Strand«, alle Ehre. Dicht vor der Küste liegende Inseln bieten sich zum Schnorcheln an. Der schmale Küstenstreifen ist kaum besiedelt, aber es fehlen leider annehmbare Unterkünfte: der ideale Ort für eine Festlandrobinsonade.

Anreise
Öffentliche Busse verkehren von Yangon nach Gwa, 27 km südlich von Khantayar. Ab Gwa geht es dann nur per Mietwagen oder Pick-up.

Hotel
Maw Shwe Chai Beach Resort €
Liegt nördlich von Gwa, in Kanthaya gibt es keine Unterkunft. 20 schlichte Strandbungalows, es gibt nur abends Strom.
- Tel. 09-852 8191, 01-510 381 (Reservierung)
mawshwechairesort@gmail.com

Fischer in Ngapali

EXTRA-TOUREN

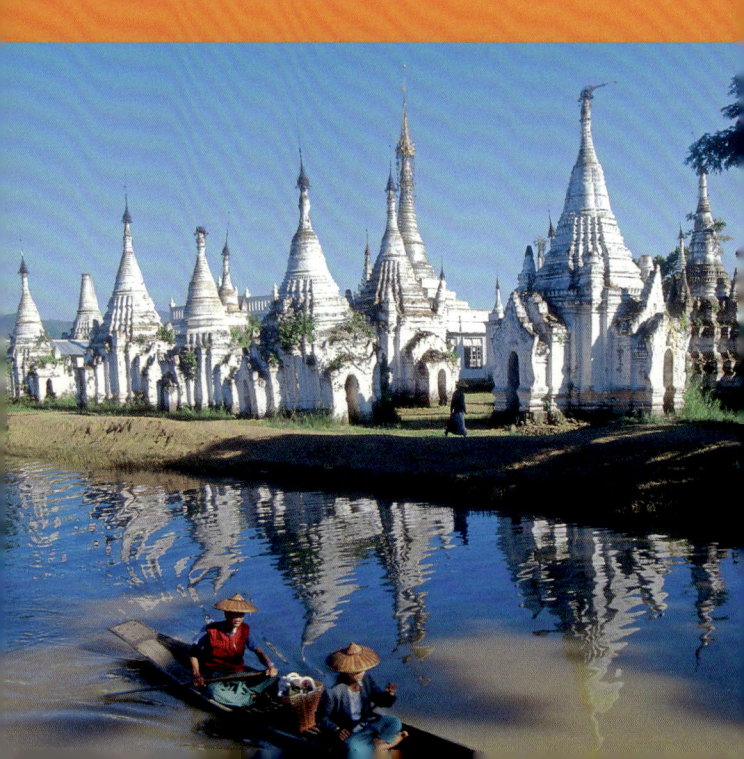

> Klappe hinten

Tour 10: Myanmar klassisch **Extra-Touren**

Tour 10 Myanmar klassisch – zwei Wochen

Route: Yangon › Bago › Kyaik-htiyo › Yangon › Mandalay › Bagan › Kalaw › Pindaya › Inle-See › Yangon

Karte: Klappe hinten
Distanzen:
Yangon › Bago ca. 2 Std. per Mietwagen mit Fahrer; **Bago › Kyaik-htiyo** ca. 4 Std. per Mietwagen mit Fahrer; **Kyaik-htiyo › Yangon** ca. 6 Std. per Mietwagen mit Fahrer; **Yangon › Mandalay** 1½ Std. Flug; **Mandalay › Bagan** ca. 10 Std. per Boot; **Bagan › Kalaw** ca. 8 Std. per Mietwagen mit Fahrer; **Kalaw › Pindaya** ca. 3 Std. per Mietwagen mit Fahrer; **Pindaya › Inle-See** ca. 3 Std. per Mietwagen mit Fahrer; **Inle-See › Yangon** 1 Std. Fahrzeit nach Heho und 1 Std. Flug.
Verkehrsmittel:
Hotels und lokale Reisebüros vermitteln auch kurzfristig Mietwagen mit Fahrer; Flüge Yangon–Mandalay und Heho–Yangon mehrmals tgl. (in der Hauptsaison rechtzeitig buchen); Ticket für die tgl. Bootsfahrt nach Bagan über Hotels in Mandalay; Privatboot für den Inle-See an der Anlegestelle in Nyaung Shwe.

Diese zweiwöchige Rundreise führt Sie zu den wichtigsten touristischen Highlights. Nach dem Besuch von **Yangon** › S. 60 reisen Sie am 3. Tag über die alte Mon-Hauptstadt **Bago** › S. 73 weiter zum Goldenen Felsen, **Kyaik-htiyo** › S. 75. Nach der Übernachtung auf dem Berg geht es zurück nach Yangon, von wo Sie am 5. Tag nach **Mandalay** › S. 101 weiterfliegen. In zwei Tagen können Sie dort die vielen Sehenswürdigkeiten besuchen.

Entspannung bietet am 7. Tag die ganztägige Bootsfahrt nach **Bagan** › S. 90. Für diese versunkene Tempelstadt sollten Sie sich unbedingt genügend Zeit lassen, bevor es am 10. Tag weiter in den Shan-Staat nach **Kalaw** › S. 113 geht.

Der folgende Tag führt Sie zunächst nach **Pindaya** › S. 114 mit der berühmten Tropfsteinhöhle, nach einer Übernachtung geht es weiter zum **Inle-See** › S. 116. Nach letzten entspannenden Tagen mit Bootsfahrten können Sie vom nahen Heho aus zurück nach Yangon fliegen.

Oben: Wächterfigur an Stupa
Links: Pagodenwald am Inle-See

Extra-Touren Tour 11: Myanmar intensiv

Tour 11: Myanmar intensiv – drei Wochen

Route: Yangon › Sittwe › Mrauk U › Sittwe › Yangon › Heho › Pindaya › Inle-See › Mandalay › Monywa › Pakokku › Bagan › Pyay › Yangon

Karte: Klappe hinten

Distanzen:

Yangon › Sittwe 1½ Std. Flug; **Sittwe › Mrauk U** ca. 6 Std. per Boot; **Mrauk U › Sittwe** ca. 6 Std. per Boot; **Sittwe › Yangon** 1½ Std. Flug; **Yangon › Heho** 1 Std. Flug; **Heho › Pindaya** 3 Std. per Mietwagen mit Fahrer; **Pindaya › Inle-See** ca. 3 Std. per Mietwagen mit Fahrer; **Inle-See › Mandalay** ca. 7–8 Std. per Mietwagen mit Fahrer; **Mandalay › Monywa** 3–4 Std. per Mietwagen mit Fahrer; **Monywa › Pakokku** 4 Std. per Mietwagen mit Fahrer; **Pakokku › Bagan** ca. 2 Std. per Boot; **Bagan › Pyay** ca. 10 Std. per Mietwagen mit Fahrer; **Pyay › Yangon** ca. 5 Std. per Mietwagen mit Fahrer.

Verkehrsmittel:

Mietwagen mit Fahrer lassen sich über Hotels und Reiseanbieter arrangieren; Flüge Yangon–Sittwe–Yangon 1 × tgl., Yangon–Heho mehrmals tgl. (am besten über eine Agentur in Yangon buchen); Privatboote für die Strecken Sittwe–Mrauk U–Sittwe sowie Pakokku–Bagan kann man direkt vor Ort chartern; auf der Strecke Bagan–Pyay–Yangon verkehren auch akzeptable (langsame) Busse.

Nach einem zweitägigen Aufenthalt in **Yangon** › S. 60 bereisen Sie zunächst den wenig besuchten Westen des Landes. Dazu bringt Sie das Flugzeug am 3. Tag nach **Sittwe** › S. 138, einer sehenswerten Hafenstadt. Von dort nehmen Sie ein Charterboot in die einstige Rakhine-Metropole **Mrauk U** › S. 139, um die vielen Tempelruinen kennenzulernen. Am 7. Tag reisen Sie per Boot zurück nach Sittwe und per Flugzeug weiter nach Yangon. Schon am nächsten Tag fliegen Sie in den Shan-Staat nach **Heho**. Eine mäßig gute Straße führt durch eine Bilderbuchlandschaft nach **Pindaya** › S. 114, einem netten Marktflecken mit berühmter Tropfsteinhöhle. Die Tage 9 und 10 sind dem wunderschönen **Inle-See** › S. 116 gewidmet, Tag 11 empfiehlt sich für einen Ausflug in die Shan-Metropole **Taunggyi** › S. 120 und zum Pagodenwald von **Kakku** › S. 121. Eine anstrengende Autofahrt bringt Sie in die letzte Königsstadt **Mandalay** › S. 101, wo Sie zwei Tage verweilen, bevor es am 15. Tag weiter nach **Monywa** › S. 100 am Chindwin-Fluss geht. Dort sind die berühmte Thanboddhay-Pagode und die etwas abseits gelegenen Hpo-Win-Daung-Höhlen sehenswert. Von Monywa starten Sie am 16. Tag in die alte Handels- und Klosterstadt **Pakokku** › S. 99, um nach einer Stadtbesichtigung nachmittags per Charterboot den Ayeyarwady flussabwärts oder per Auto **Bagan** › S. 90 zu reisen, wo Sie ein bis zwei Tage verbringen. Am vorletzten Tag fahren Sie nach **Pyay** › S. 88 im Süden und besuchen die antiken Ruinen der Pyu, bevor es zurück nach Yangon geht.

Tour 12: Abseits der Hauptrouten **Extra-Touren**

Abseits der Hauptrouten – drei Wochen

Route: Yangon › Mandalay › Pyin U Lwin › Hsipaw › Lashio › Mandalay › Myitkyina › Bhamo › Mandalay › Yangon › Pathein › Ngwe Saung › Yangon

Karte: Klappe hinten

Distanzen:

Yangon › Mandalay 1½ Std. Flug; **Mandalay › Pyin U Lwin** 2 Std. per Mietwagen mit Fahrer; **Pyin U Lwin › Hsipaw** ca. 7–8 Std. mit dem Zug; **Hsipaw › Lashio** ca. 1 Std. mit dem Bus; **Lashio › Mandalay** 6–7 Std. per Bus; **Mandalay › Myitkyina** 1 Std. Flug; **Myitkyina › Bhamo** mindestens 1½ Tage per Fähre oder 10 Std. per Mietwagen mit Fahrer; **Bhamo › Mandalay** ca. 3 Tage per IWT-Fähre; **Mandalay › Yangon** 1½ Std. Flug; **Yangon › Pathein** ca. 5 Std. per Bus; **Pathein › Ngwe Saung** ca. 2 Std. per Bus; **Ngwe Saung › Yangon** 6 Std. per Bus.

Verkehrsmittel:

Zugfahrkarten gibt es vor Ort in Pyin U Lwin bzw. Hsipaw; Bustickets mind. 1 Tag vor Abfahrt kaufen. Flüge Yangon–Mandalay mehrmals tgl., Mandalay–Myitkyina mehrmals pro Woche. Wollen Sie die reizvolle Strecke Myitkyina–Bhamo (128 km) per Boot zurücklegen, müssen Sie eine Übernachtung in Simbo einkalkulieren. Die IWT-Fähre von Bhamo nach Mandalay fährt nur 3× wöchentlich. Wichtig: Wegen des höheren Wasserstands unternehmen Sie die Flussfahrt am besten am Ende der Regenzeit oder Beginn der Trockenzeit (Okt.–Dez.). Später verlängern Sandbänke die Fahrt.

Die folgende Reise ist zeitlich nicht genau kalkulierbar, da sie abseits der Touristenpfade liegt. Von **Yangon › S. 60** fliegen Sie nach **Mandalay › S. 101**, um von dort am 4. Tag nach **Pyin U Lwin › S. 124**, der alten kolonialen Sommerfrische, weiterzufahren. Am 6. Tag nehmen Sie den Zug über den berühmten **Gokhteik-Viadukt › S. 124** in die einstige Fürstenstadt **Hsipaw › S. 125** – ein Highlight der Reise. Weiter geht es am 8. Tag per Bus nach **Lashio › S. 126**, einer boomenden Handelsstadt. Am 10. Tag werden Sie von Lashio aus mit dem Bus lange unterwegs sein und erst abends Mandalay erreichen. Sie erholen sich einen Tag in der letzten Königsstadt und fliegen dann nach **Myitkyina › S. 128** im Kachin-Staat. Die Tage 13 und 14 können Sie für die Erkundung der interessanten Umgebung nutzen. Per Boot fahren Sie zwei Tage lang von Myitkyina weiter nach **Bhamo › S. 129**. Dort nehmen Sie die IWT-Fähre, um auf dem Ayeyarwady an etwa drei Tagen (abhängig vom Wasserstand) nach Mandalay zu fahren. Der Abschnitt zählt zu den schönsten Flusspassagen des Landes. Mit Glück kommen Sie am 19. Tag in Mandalay an, von wo sie später nach Yangon zurückfliegen. Je nach Zeit können Sie von Yangon noch über **Pathein › S. 134** zum Strand von **Ngwe Saung › S. 137** fahren und dort bis zum Ende Ihrer Reise ausspannen.

Infos von A–Z

Ärztliche Versorgung
Außerhalb von Yangon und Mandalay lassen die Ausstattung von Krankenhäusern wie auch Qualifikation und Sprachkenntnisse der Ärzte sehr zu wünschen übrig. Bei der Behandlung landestypischer Krankheiten, etwa Infektionen des Magen-Darm-Traktes, gibt es dennoch keinerlei Probleme, da derartige Fälle zum Arbeitsalltag der Ärzte gehören. Bei chronischen Krankheiten sollten Sie Ihre Reise auf die touristischen Zentren beschränken. Medikamente sind in Apotheken *(pharmacy)* frei verkäuflich, allerdings oft fraglicher Herkunft und Qualität.

- **International SOS**
  Inya Lake Hotel
  37 Kaba Aye Pagoda Rd. | Yangon
  Tel. 01/667877, 667879
- **Pun Hlaing Hospital**
  Pun Hlaing Golf Estate Ave. | Yangon
  Tel. 01/684323
- **Nyein Clinic**
  333 82nd St. zw. 29th u. 30th St.
  Mandalay
  Tel. 02/32050

Ausrüstung und Gepäck
Internationale Kleidung und Accessoires erhalten Sie in Yangon und Mandalay. Eine Taschenlampe hilft bei nächtlichen Stromausfällen und Spaziergängen, ein Fernglas beim Bestaunen diamantenbesetzter Pagodenschirme. Sonnenbrille, Sonnenschutzmittel mit hohem Lichtschutzfaktor sowie Badezeug gehören ebenfalls unbedingt ins Gepäck. Angesichts teilweise sehr schlechter Straßen sollten Sie feste Schuhe mitnehmen. In einigen Landesteilen kann es nachts ganzjährig kühl, im Norden während der Hauptsaison im Winter sogar eisig kalt werden. Eine warme Jacke ist das Minimum. Erwägen Sie Schiffsreisen oder Trekkingtouren, brauchen Sie eine warme Decke oder besser ein Schlafsack.

Packen Sie in Ihre Reiseapotheke Medikamente gegen Erkältungen, evtl. Seekrankheit, Durchfall, Magenverstimmung, Pflaster, Desinfektions- und Mückenschutzmittel.

Devisenbestimmungen
Deviseneinfuhr ist in beliebiger Höhe gestattet, muss aber ab einem Gesamtwert von 10 000 US-$ deklariert werden.

Diplomatische Vertretungen
In Europa:
- **Botschaft von Myanmar**
  Thielallee 19 | 14195 Berlin
  Tel. 030/20 61 57 10
  www.botschaft-myanmar.de
- **Generalkonsulat**
  Ave. Blanc 47 | 1202 Genf
  Tel. 022/906 98 70
  www.myanmargeneva.org

In Myanmar:
- **Deutsche Botschaft**
  9 Bogyoke Aung San Museum Rd.
  Yangon
  Tel. 01/548 951–2
  www.rangun.diplo.de
- **Schweizerische Botschaft**
  11 Kabaung Lane, 5 ½ Mile, Pyay Rd.
  Yangon
  Tel. 01/534754
- **Österreichisches Honorarkonsulat**
  38 G Myitzu Street, Parami Avenue
  Yangon
  Tel. 01/651141

Einreise
Für Deutsche, Österreicher und Schweizer besteht Visumspflicht. Kinder benö-

Infos von A–Z

tigen einen eigenen Reisepass. Das Visum muss vorab bei einer diplomatischen Vertretung von Myanmar beantragt werden. Dazu sind ein mindestens noch sechs Monate gültiger Reisepass, zwei ausgefüllte Antragsformulare und zwei aktuelle Passfotos notwendig. Die Formulare können über die Webseiten der Botschaften heruntergeladen werden. Die Bearbeitungszeit beträgt derzeit bis zu vier Wochen, das 28 Tage gültige Touristenvisum kostet 25 € bzw. 30 CHF. Alternativ lässt sich ein E-Visa über www.evisa.moip.gov.mm für 50 US-$ beantragen, das jedoch nur bei einer Einreise über die Flughäfen in Yangon, Mandalay und Naypyitaw ausgestellt werden kann.

Elektrizität

230 V, 50 Hz; Die Stromversorgung ist selbst in den Großstädten schlecht, außerhalb miserabel (häufig Stromausfälle). Da diverse Steckdosenvarianten existieren, sollten Sie unbedingt Adapter mitnehmen!

Feiertage und Feste

- **1. Jan.:** Neujahr
- **4. Jan.:** Unabhängigkeitstag
- **12. Feb.:** Tag der Union
- **Feb./März:** Vollmondtag Tabaung
- **2. März:** Tag der Bauern
- **27. März:** Tag der Streitkräfte
- **Mitte April:** Birmanisches Neujahrsfest (Thingan); offiziell drei Tage
- **April/Mai:** Vollmondtag Kason
- **1. Mai:** Tag der Arbeit
- **Jun/Juli:** Vollmondtag Waso
- **19. Juli:** Märtyrer-Tag
- **Sept./Okt.:** Vollmondtag Thadingyut
- **Okt./Nov.:** Vollmondtag Tazaungmon
- **Nov./Dez.:** Nationalfeiertag (bewegl.)
- **Dez.:** Karen-Neujahr
- **25. Dez.** Weihnachten

Flughafengebühren und Flugrückbestätigung

Die Flughafengebühren sind im Ticketpreis enthalten. Inlandsflüge müssen Sie unbedingt rückbestätigen, da es häufig zu Flugplanänderungen kommt.

Fotografieren

Fotografieren ist auch bei Einheimischen beliebt, dennoch sollten Sie unbedingt um Erlaubnis fragen, wenn Sie Menschen aufnehmen möchten. Videokameras kosten bei verschiedenen Sehenswürdigkeiten zusätzlich. Das Ablichten der zahlreichen militärischen Objekte kann auch dann zu Problemen führen, wenn vor Ort kein Verbotsschild steht. Speicherchips erhalten Sie nur in den großen Städten.

Geld, Währung, Umtausch

Die Landeswährung ist der **Kyat** (dschat gesprochen). Im Umlauf sind Banknoten zu 50, 100, 200, 500, 1000, 5000, 5000 und 10 000 Kyat. Offizielle Umtauschmöglichkeiten von Geldscheinen in US-$ und € bestehen an Bankschaltern auf Flughäfen, offiziellen »Money Changer« und in Filialen privater Geldinstitute wie etwa Kanbawza (KBZ) Bank und CB Bank. Dort nimmt auch die Zahl der Geldautomaten zu. Dort kann man dreimal pro Tag bis zu 300 US-$ abheben (5 US-$ Gebühr plus Gebühr der Heimatbank).

Für Ihren Aufenthalt in Myanmar sollten Sie neben Kyat und Euros (für den Umtausch) vor allem Dollarscheine in der Tasche haben, denn die US-Währung ist beim Kauf der Flugtickets sowie bei vielen offiziellen Eintrittsgeldern gefragt. Es werden nur unbeschädigte und saubere Noten akzeptiert. Die meisten Hotels berechnen die Übernachtung in US-$, Speisen und Getränke aber in Kyat. Landeswährung benötigen Sie beim Bezahlen von

Billigunterkünften, in Restaurants und auf dem Markt. Achten Sie darauf, genügend Kleingeld in der Tasche zu haben, da Wechselgeld oft eine Rarität ist. Reiseschecks werden gar nicht, Kreditkarten an Geldautomaten und zunehmend in Hotels akzeptiert.

Gesundheitsvorsorge

Magen-Darm-Erkrankungen sind im ganzen Land verbreitet. Meiden Sie unbedingt alles Rohe bzw. Ungeschälte sowie Leitungswasser. Auch Speiseeis, Eiswürfel aus zerstoßenem Eis sowie offene Getränke sind riskant. Selbst zum Zähneputzen sollten Sie lieber Wasser aus der Flasche verwenden und sich öfter die Hände waschen.

Der **Temperatursturz** nach Sonnenuntergang ist in manchen Gegenden enorm, wenn Sie dann womöglich noch bei laufender Klimaanlage einschlafen, haben Sie beste Aussichten, sich eine schwere Erkältung zu holen. Nehmen Sie daher am Abend eine Jacke mit und schlafen Sie niemals unter einem Deckenventilator auf Höchstleistung.

Malaria ist in Myanmar weitverbreitet. Hervorgerufen durch den Stich infizierter Anopheles-Mücken, zählt sie zu den gefährlichsten Tropenkrankheiten. Die Symptome beim Ausbruch ähneln oft denen einer schweren Grippe, bei entsprechenden Anzeichen besteht also durchaus Lebensgefahr und Sie müssen unbedingt den Arzt aufsuchen. Dies gilt auch für die Monate nach Ihrer Rückkehr aus den Tropen. Bei rechtzeitiger Diagnose ist Malaria auch in Myanmar überall problemlos zu therapieren.

Am sichersten geht allemal, wer sich erst gar nicht stechen lässt. Die Mücke sticht zwar in allgemeinen nur zwischen Sonnenunter- und -aufgang, doch in der Abgeschlossenheit eines Hotelzimmers macht sie auch schon mal eine Ausnahme. Bei Einbruch der Dunkelheit schützen lange Hosen, langärmelige Hemden und ein Mückenschutz. Leider gibt es gegen das periodisch auftretende und ebenfalls von Mücken übertragene **Dengue-Fieber** keinen ausreichenden Schutz.

Näheres zu Impfungen und Prophylaxe gibt es auf www.fit-for-travel.de.

Informationen

- **Myanmar Travels and Tours (MTT)**
Die staatliche Tourismusorganisation bietet nur mäßige Infos.
118 Mahabandoola Garden St.
Yangon
Tel. 01/371286
www.myanmartourism.org

Internet

In den touristischen Hauptorten sind die Hotels und Cafés zunehmend mit WLAN ausgestattet. Allerdings ist die Verbindung noch recht langsam.

Kleidung

Reisen Sie während der Hauptsaison (Oktober–Februar), ist eine warme Jacke und wegen sehr schlechter Straßen festes Schuhwerk unabdingbar. Einen Hut brauchen Sie gegen die Sonne, Stofftaschentücher zum Schweißabwischen. Birmanen sind äußerst konservativ, lassen Sie daher zu knapp sitzende Badesachen zu Hause. Auch kurze Beinkleider sind verpönt.

Für eventuelle gesellschaftliche Anlässe sind beide Geschlechter mit einem Seidenlongyi und Mandalay-Slippers sowie die Damen mit einer Bluse und die Männer mit einem Mandalay-Shirt bestens ausgestattet.

Öffnungszeiten

Öffnungszeiten sind sehr unterschiedlich. Banken, Behörden und Postämter haben am Wochenende geschlossen; sicher geöffnet sind diese Mo–Fr zwi-

Infos von A–Z

schen 10 und 15 Uhr. Märkte sind an Vollmondtagen, zuweilen auch sonntags geschlossen, Geschäfte nach Lust und Laune der Inhaber.

Sicherheit
Im Großen und Ganzen ist Myanmar ein sicheres Reiseland. Da aber ein Lehrer im Monat weniger verdient, als Sie an einem fröhlichen Abend verprassen, sollten Sie niemanden in Versuchung führen, indem Sie Geld oder Wertgegenstände unbeaufsichtigt herumliegen lassen. Wegen der fehlenden Akzeptanz von Schecks und Kreditkarten werden Sie vermutlich den Einheimischen fantastisch anmutende Bargeldbeträge mit sich tragen, über deren Verwahrung (Brustbeutel, Geldgürtel) Sie sich in jedem Fall Gedanken machen sollten.
- **Notruf:** Polizei 199, Feuerwehr 191, Tel. 201760, 376166 (nur Yangon).

Vor der Reise empfiehlt sich ein Blick auf die Sicherheitshinweise der Auswärtigen Ämter:
- www.auswaertiges-amt.de (D)
- www.bmaa.gv.at (A)
- www.eda.admin.ch (CH)

Telefon und Fax
funktionieren beide nicht gut (ausländische Handys noch nicht) und zu regional sehr unterschiedlichen Tarifen. Für wenig Geld können Sie eine lokale SIM-Karte von MPT, Ooredoo oder Telenor besorgen und damit Auslandsgespräche führen.

Dank kostenlosem WLAN in vielen Hotels und Cafés können Sie Skype und WhatsApp nutzen.
Internationale Vorwahlen:
- Birma: 00 95
- Deutschland: 00 49
- Österreich: 00 43
- Schweiz: 00 41

Trinkgeld
In Hotels und dort, wo eine Rechnung auf einem Tablett oder in einer Mappe serviert wird, erwartet man ein Trinkgeld. Sind Sie mit Fahrer und Guide unterwegs, sind jeweils 1,50–2 US-$ Trinkgeld pro Reisetag üblich.

Zeitverschiebung
MEZ plus 5½ Std., während der europäischen Sommerzeit plus 4½ Std.

Zoll
Eingeführt werden dürfen alle Gegenstände des persönlichen Gebrauchs. Schmuck, Elektrogeräte (auch Videokameras und Computer) sowie Fotoapparate sind bei der Einreise anzugeben. Die Einfuhr von Drogen, Waffen und pornografischem Material ist verboten.

Die Zollfreigrenzen bei der Wiedereinreise nach Deutschland, Österreich und in die Schweiz liegen bei 200 Zigaretten, 1 l Hochprozentigem oder 2 l Wein sowie Geschenken im Gesamtwert von 430 € bzw. 300 CHF.

Generelles Ausfuhrverbot gilt für Antiquitäten, Buddhastatuen und archäologische Objekte. Produkte aus geschützten Tierarten dürfen nicht nach Europa eingeführt werden; es drohen Beschlagnahme und dazu hohe Strafen (www.artenschutz-online.de).

Urlaubskasse	
Tasse Kaffee	0,70 €
Minaeralwasser (0,5 l)	0,50 €
Flasche Bier	1,5–2 €
Curry-Gericht (einfaches Lokal)	ab 3 €
Taxifahrt (pro km)	2 €
Mietwagen mit Fahrer/Tag	ab 50 €
Fahrrad/Tag	0,50 €

Register

Alaungpaya, König 38, 61
Alt-Bagan 95
Amarapura 108
Anawrahta, König 38, 76, 90
Anisakan-Wasserfälle 125
Antiquitäten 51
Anyeint Pwe 102
Ärztliche Versorgung 150
Astrologie 45
Aung San 39, 40, 66
Aung San Suu Kyi 39, 40
Ayeyarwady 24
Ayeyarwady-Delta 23, 25, **130**, 134

Bagan 46, 90
• Ananda 93
• Ananda Ok-Kyaung 93
• Bupaya 95
• Dhammayangyi 94
• Gawdawpalin 95
• Gubyauknge 93
• Htilominlo 93
• Kyanzitta Umin 93
• Kyauk-gu Umin 91
• Lawkananda 96
• Maha Bodhi 95
• Manuha Paya 96
• Mimalaung Kyaung 95
• Mingalazedi 96
• Myinkaba Gubyaukgyi 96
• Nandamannya 96
• Nat Hlaung Kyaung 95
• Ngakywenadaung 95
• Pahtothamya 95
• Payathonzu 96
• Petleik 96
• Pitaka Taik 95
• Pyathada 96
• Shwegugyi 95
• Shwesandaw 94
• Shwezigon 91
• Somingyi Ok-Kyaung 96
• Sulamani 94
• Thatbyinnyu 95
• Upali Thein 93
• Wetkyi-in Gubyaukgyi 93
Bagan Myohaung 97
Bagan Myothit 97
Bago 73
Bamar 41
Bayinnaung, König 38
Bayin-Nyi-Höhle 79
Bhamo 129
Bird Island 137
Burma Road 111

Chaungtha 32, 136
Chin 41, 141
Chinlon 32
Chin-Staat 131, 143

Dawei 81
Devisen 150
Dhammazedi, König 74
Dhanyawadi 142

Edelsteine 51
Einreise 150
Essen 49

Fähren 24
Feiertage 151
Feste 48, 151
• Mahamuni-Fest 105, 142
• regionale Tempelfeste 102

Gästehäuser 33
Geld 151
Geschichte 38
Gokhteik-Viadukt 124

Heho 117, 121
Hkakabo Razi 128
Hman Khin Youk-soun Kyaung 90
Horoskop 44
Hpa-an 78
Hpo Win Daung 100
Hsinbyume 108
Hsipaw 125

Indein 119
Inland Water Transport 24
Inle-See 116
Internet 152
Intha 118
Inwa 108

Jatakas 103

Kachin 128
Kachin-Staat 22, 111
Kakku 121
Kaladan 25
Kalaw 113
Kampalat 143
Kanpetlet 143
Kanthayar 32
Karen 78
Kaunghmudaw-Pagode 109
Kaw-Gun-Höhle 79
Kawthoung 83
Kayin 78
Khaungdaing 119
Khin Nyunt 39
Klöster
• Bagaya Kyaung 109
• Hman Khin Youk-soun Kyaung 90
• Maha Aungmye Bonzan Kyaunq 109
• Mahagandhayon-Kloster 109
• Mahakuthala Kyaungdawgyi 138
• Mahawithutayama Kyaung 99
• Myaw Hlesin Kyaung 90
• Nat Htaung Kyaung 93
• Thadana Yaunggyi Kyaung 98

Register

- Youk-soun Kyaung (Inwe) 98
- Youk-soun Kyaung (Legaing) 90

Kolonialisierung 38
Kublai Khan 38, 91
Kunsthandwerk 52
Kyaikhami 81
Kyaik-htiyo **75**
Kyaing Tong 121
Kyat 151
Kyauk Daing 120
Kyaukka 100
Kyaukkan Lat 79
Kyaukpyu 145
Kyauktan 72
Kyauktaw 142

L
Lackarbeiten 53
Lampi Kyun 83
Lashio 126
Legaing 89
Loi Mwe 122
Longyi 51, 109

M
Magwe 89
Mahawithutayama Kyaung 99
Malaria 152
Manao 48
Manao-Fest 129
Mandalay 101
- Atumashi Kyaung 104
- Königspalast 101
- Kuthodaw 104
- Kyauktawgyi 104
- Mahamuni-Pagode 105
- Mandalay-Berg 101
- Sandamani 104
- Shwekyimyint-Pagode 105
- Shwenandaw Kyaung 104
- Zegyo-Markt 105

Mandalay Kyaung Taik 99
Mangroven 134
Marionetten 53
Marionettentheater 31, **103**

Maungmagan 32, 81
Mawlamyine 79
Medizinische Versorgung 150
Minbu 89
Mindat 143
Minderheiten 41
Mingun 107
Minnanthu 96
Mon 38, **76**
Monywa 100
Mount Popa 98
Mrauk U 139
Mt. Victoria 143
Mudon 81
Mudras 46
Myaw Hlesin Kyaung 90
Myeik 82
Myeik-Archipel 83
Myitkyina 128
Myitson 129
Myitta Kan 100

N
Nadaw 49
Nat-Festivals 102
Nat Htaung Kyaung 93
Natmataung-Nationalpark 143
Nat Pwe 102
Nats 94
Natur 41
Nayon 48
Nay Pyi Taw 39
Ne Win 40
Ne Win, General 39, 115
Ngapali 32, 138
Nga-Phe-Chaung-Kloster 118
Ngwe Saung 32, 137
Notruf 153
Nyaung Shwe 116
Nyaung U 97

Ö
Öffnungszeiten 152
Okkalapa, König 62
Ommadanti, Königin 135

P
Padaung 42
Pagoden und Tempel
- Andaw 140
- Bawgyo-Pagode 125
- Botataung-Pagode 66
- Hsinbyume 108
- Jinamanaung 141
- Kaba-Aye-Pagode 68
- Kheng-Hock-Keong-Tempel 68
- Kothaung 141
- Kuan Yin San-Tempel 126
- Kyaik-Khauk-Pagode 72
- Kyaik-Pun-Pagode 74
- Kyaik-Thanlan-Pagode 80
- Kyauktan-Pagode 72
- Kyauktawgyi-Pagode 109
- Maha-Bodhi-Tempel 64
- Mahamuni-Pagode 105
- Mahamuni-Pagode (Dhanyawadi) 142
- Maha-Myat-Muni-Pagode 80
- Maha-Wizaya-Pagode 65
- Mahazedi-Pagode 74
- Mansu-Pagode 126
- Mingun-Pagode 108
- Minkhamaung-Tempel 141
- Myathabeik-Pagode 77
- Mya Tha Lun-Pagode 89
- Nga Htat Gyi 68
- Payagyi 88
- Payama 88
- Shittaung 139
- Shwedagon 60
- Shwegugale-Pagode 74
- Shwekyimyint-Pagode 105
- Shwemawdaw-Pagode 73
- Shwemokhtaw-Pagode 134
- Shwesandaw-Pagode 72
- Shwesandaw (Pyay) 88
- Shwezayan-Pagode 77
- Shwezigon-Pagode (Pathein) 135
- Sule-Pagode 66
- Tagaung-Pagode 135

Register

- Tempel des Konagamana-Buddha 61
- Thagya-Pagode 77
- Thanboddhay-Tempel 100
- Theindawgyi-Pagode 82
- Tihoshin-Tempel 99
- U-Zina-Pagode 80
- Yadana-Man-Aung-Pagode 116

Pakhan-gyi 99
Pakokku 99
Palaung 113
Pan Paung 142
Pa-O 42, 113, 120, 121
Pathein 134
Pearl Island 144
Phaung Daw U 49
Phaung-Daw-U-Fest 116
Phaung-Daw-U-Kloster 118
Pindaya 114
Putao 128
Pwe 102
Pyay 88
Pyin U Lwin 124
Pyu 38, 45, 90

Rakhine 138
Rakhine-Bier 139
Rakhine Yoma 141
Ramayana 103
Religionen 42

Sagaing 108
Sagu 89
Sakar 120
Sakralkunst 45
Sale 98
Schwimmende Gärten 118
Setse 32, 81
Shan 115
Shan-Berge 113
Shan-Staat 22, **110**

Shwe Ba Daung 100
Shwethalyaung 74
Shwe Yan Bye Kyaung 116
Sicherheit 153
Sittwe 138
SLORC 39
SPDC 39
Sprache 37
Sri Ksetra 88
Strände
- Chaungtha 136
- Khantayar 145
- Maungmagan 81
- Ngapali 144
- Ngwe Saung 137
- Setse 81

Tachilek 123
Tanz 47
Tauchen 32, 83
Taungbi 93
Taunggok 145
Taunggyi 120
Taungup 145
Tazaungmon 49
Teashops 50
Telefon 153
Tempelfeste 102
Thadingyut 49
Thahtay Kyun 83
Thalun, König 38
Thanbyuzayat 81
Thandwe 143
Thanlyin 72
Thaton 77
Thaung Tho 120
Thayekhittaya 88
Theater 47, 103
Thein Sein 40
Thepyu Kyun 136
Theravada-Buddhismus 42
Thingyan 27, 48

Tissa, König 75
Trekking 122
Twante 72
Twinn Daung 100

U-Bein-Brücke 109

Vesali 142
Volksgruppen 41
Vorwahlen 153

Wagaung 49
Wandern 32
White Sand Island 136

Yanbye-Insel 145
Yangon 22, 60
- Altstadt 66
- Bogyoke-Aung-San-Markt 66
- Botataung-Pagode 66
- Kaba-Aye-Pagode 68
- Kheng-Hock-Keong-Tempel 68
- Maha-Passana-Guha-Grotte 68
- Maha-Wizaya-Pagode 65
- Märtyrermausoleum 65
- Myanmar Gems Museum und Gems Mart 69
- Nationalmuseum 68
- Nga Htat Gyi 68
- Shwedagon-Pagode 60
- Sule-Pagode 66
- Theingyi-Zei-Markt 68
Ywama 118

Zat Pwe 102
Zeitverschiebung 153
Zoll 153
Zwe-Kabin-Berg 79

Impressum

Bildnachweis
Coverfoto Ebene der Pagoden, Bagan © Huber Images/Gräfenhain
Fotos Umschlagrückseite © Fotolia/siamphoto (links), mauritius images/age fotostock (Mitte); Mario Weigt (rechts)

Alamy/Christian Kober: 130; Alamy/Neil McAllister: 126; Alamy/Boris Potschka: U2-3; Fotolia/Dario Bajurin: 119; Fotolia/donyenadoman: 108; Fotolia/Wong Sze Fei: 34; Fotolia/itacud: 91; Fotolia/Vladislav Lebedinsky: U2-1; Fotolia/Christian Marino: 80; Fotolia/Svetlana Nikolaeva: 111; Fotolia/noelbynature: 85; Fotolia/J-F Perigois: 110; Fotolia/siamfoto: 6; Fotolia/skaman306: 8 u; Huber Images/F. Damm: 56; Huber Images/Richard Taylor: 20; Nicole Häusler: 31, 46, 75, 77, 140; Martin Kirchner: 44, 100; Wilhelm Klein: 142; Archiv Volker Klinkmüller: 82; laif/Celentano: 117, 131; mauritius images/age fotostock: 73; maritius images/ib/Josef Beck: 105; mauritius images/Michael Runkel: 107; mauritius images/Egmont Strigl: 69; mauritius images/United Archives: 30; Martin H. Petrich: 8 o, 9 o, 9 u, 10, 28, 37, 42, 43, 49, 63, 64, 65, 71, 74, 88, 95, 96, 102, 121, 124, 129, 135, 143, 147, U2-4; A. Schifferer: 138; Rainer Scholz: 23, 146; shutterstock/M.A. Cynthia: 58; shutterstock/Ikuni: 104, U2-2; shutterstock/Vadim Ivanov: 144, U2-Klappe; shutterstock/knomeandi: 16; shutterstock/Ivan Mateev: 17; shutterstock/Segoya: 54; shutterstock/sihasakprachum: 57; shutterstock/theskaman306: 13; shutterstock/walkdragon: 15; shutterstock/Zzvet: 14; Text & Aktion/Road to Mandalay: 24; Martin Thomas: 25, 52; Martin Weigt: 27, 84; Wikipedia/CC 3.0/CEphoto Uwe Aranas: 123.

Liebe Leserin, lieber Leser,
wir freuen uns, dass Sie sich für diesen POLYGLOTT on tour entschieden haben.
Unsere Autorinnen und Autoren sind für Sie unterwegs und recherchieren sehr gründlich, damit Sie mit aktuellen und zuverlässigen Informationen auf Reisen gehen können.
Dennoch lassen sich Fehler nie ganz ausschließen. Wir bitten Sie um Verständnis, dass der Verlag dafür keine Haftung übernehmen kann.

Ihre Meinung ist uns wichtig. Bitte schreiben Sie uns:
TRAVEL HOUSE MEDIA GmbH, Redaktion POLYGLOTT, Grillparzerstraße 12,
81675 München, redaktion@polyglott.de
www.polyglott.de

1. komplett überarbeitete Auflage 2016

© **2016 TRAVEL HOUSE MEDIA GmbH München**
Dieses Buch wurde auf chlorfrei gebleichtem Papier gedruckt.
ISBN 978-3-8464-2938-9

Alle Rechte vorbehalten. Nachdruck, auch auszugsweise, sowie die Verbreitung durch Film, Funk, Fernsehen und Internet, durch fotomechanische Wiedergabe, Tonträger und Datenverarbeitungssysteme jeglicher Art nur mit schriftlicher Genehmigung des Verlages.

Bei Interesse an maßgeschneiderten POLYGLOTT-Produkten:
Tel. 089/450 00 99 12
veronica.reisenegger@travel-house-media.de

Bei Interesse an Anzeigen:
KV Kommunalverlag GmbH & Co KG
Tel. 089/928 09 60
info@kommunal-verlag.de

Verlagsleitung: Michaela Lienemann
Redaktionsleitung: Grit Müller
Verlagsredaktion: Anne-Katrin Scheiter
Autor: Martin H. Petrich
Redaktion: Henriette Volz
Bildredaktion: Barbara Schmid
Mini-Dolmetscher: Langenscheidt
Layoutkonzept/Titeldesign:
fpm factor product münchen
Karten und Pläne: Sybille Rachfall
Satz: uteweber-grafik-design
Herstellung: Anna Bäumner
Druck und Bindung:
Pinter Trento, Italien

PEFC
PEFC/18-31-506

TRAVEL HOUSE MEDIA

Ein Unternehmen der
GANSKE VERLAGSGRUPPE

Mini-Dolmetscher Englisch

Allgemeines

Guten Morgen.	Good morning. [gud **moh**ning]
Guten Tag. (nachmittags)	Good afternoon. [gud after**nuhn**]
Hallo!	Hello! [hä**lloh**]
Wie geht's?	How are you? [hau **ah**_ju]
Danke, gut.	Fine, thank you. [**fain**, θänk_ju]
Ich heiße ...	My name is ... [mai **nehm**_is]
Auf Wiedersehen.	Goodbye. [gud**bai**]
Morgen	morning [**moh**ning]
Nachmittag	afternoon [after**nuhn**]
Abend	evening [**ihw**ning]
Nacht	night [nait]
morgen	tomorrow [tu**morr**oh]
heute	today [tu**deh**]
gestern	yesterday [**jes**terdeh]
Sprechen Sie Deutsch?	Do you speak German? [du_ju spihk **dsch**öhmən]
Wie bitte?	Pardon? [**pah**dn]
Ich verstehe nicht.	I don't understand. [ai **dohnt** ander**ständ**]
Würden Sie das bitte wiederholen?	Would you repeat that please? [wud_ju ri**piht** ðät, **plihs**]
bitte	please [**plihs**]
danke	thank you [θänk_ju]
was / wer / welcher	what / who / which [wott / huh / witsch]
wo / wohin	where [wäə]
wie / wie viel	how / how much [hau / hau **matsch**]
wann / wie lange	when / how long [wänn / hau **long**]
warum	why [wai]
Wie heißt das?	What is this called? [**wott**_is ðis **kohld**]
Wo ist ...?	Where is ...? [**wäər**_is ...]
Können Sie mir helfen?	Can you help me? [kän_ju **hälp**_mi]
ja	yes [jäss]
nein	no [noh]
Entschuldigen Sie.	Excuse me. [iks**kjuhs** miðə
rechts	on the right [on ðə reit]
links	on the left [on ðə left]
Gibt es hier eine Touristeninformation?	Is there a tourist information? [is_ðər_ə **tua**rist infə**meh**schn]
Haben Sie einen Stadtplan?	Do you have a city map? [du_ju häw_ə ßiti mäpp

Shopping

Wo gibt es ...?	Where can I find ...? [wäə kən_ai faind ...]
Wie viel kostet das?	How much is this? [hau_matsch is_ðis]
Das ist zu teuer.	This is too expensive. [ðis_is **tuh** iks**pänn**ßiw]
Das gefällt mir (nicht).	I like it. / I don't like it. [ai **laik**_it / ai **dohnt laik**_it]
Wo ist eine Bank / ein Geldautomat?	Where is a bank / a cash dispenser? [wäər_is ə_**bänk** / _ə käsch dis**pänn**ser]
Geben Sie mir 100 g Käse / zwei Kilo ...	Could I have a hundred grams of cheese / two kilograms of ... [kud_ai häw_ə **hann**drəd gränims_əw **tschihs** / tuh **kill**ə**gräm**ms_əw ...]
Haben Sie deutsche Zeitungen?	Do you have German newspapers? [du_ju häw **dsch**öhmən **njuh**spehpers]

Essen und Trinken

Die Speisekarte, bitte.	The menu please. [ðə **männ**ju plihs]
Brot	bread [bräd]
Kaffee	coffee [**koff**i]
Tee	tea [tih]
mit Milch / Zucker	with milk / sugar [wið_**milk** / **schugg**er]
Orangensaft	orange juice [**orr**əndseh_dsch**uhs**]
Mehr Kaffee, bitte.	Some more coffee please. [ßəm_moh **koff**i plihs]
Suppe	soup [ßuhp]
Fisch	fish [fisch]
Fleisch	meat [miht]
Geflügel	poultry [**pohl**tri]
Beilage	sidedish [**ßaid**disch]
vegetarische Gerichte	vegetarian food [wädsehə**tär**iən fud]
Eier	eggs [ägs]
Salat	salad [**ßäl**əd]
Dessert	dessert [di**söht**]
Obst	fruit [fruht]
Eis	ice cream [ais **krihm**]
Wein	wine [wain]
weiß / rot / rosé	white / red / rosé [wait / räd / **roh**seh]
Bier	beer [biə]
Mineralwasser	mineral water [**minn**rəl wohter]
Ich möchte bezahlen.	I would like to pay. [ai_wud **laik**_tə peh]

Meine Entdeckungen

....
....
....
....
....
....
....
....
....
....
....
....
....
....
....
....
....
....

Clevere Kombination mit POLYGLOTT Stickern
Einfach Ihre eigenen Entdeckungen mit Stickern von 1–16 in der Karte markieren und hier eintragen. Teilen Sie Ihre Entdeckungen auf facebook.com/polyglott1.

Checkliste Myanmar
Nur da gewesen oder schon entdeckt?

☐ **Im Fahrradsattel durch grüne Felder**
Tiefgrüne Reisfelder, altertümliche Klöster und freundliche Menschen – das alles erleben Sie bei einer Radtour im Osten von Mandalay. › S. 12

☐ **Deftiges Frühstück**
Mit *mohinga,* einer reichhaltigen Nudelsuppe mit Fischsoße, kann der Tag beginnen. › S. 14

☐ **Myanmar vom Wasser aus**
Auf dem Indawgyi, Myanmars größtem See im hohen Norden, können Sie mit dem Kajak eine Runde drehen. › S. 12

☐ **Tee kann man auch essen**
Lephet thoke, eingelegte Teeblätter mit gerösteten Bohnen und Linsen, gelten in Myanmar als beliebter Snack. › S. 14

☐ **Ihr Buddha freut sich**
An der Shwedagon-Pagode in Yangon können Sie Ihre Planetenandachtsstelle aufsuchen und einen Buddha mit Wasser übergießen. › S. 14

☐ **Bitte zurücklächeln**
Im Nga-Phe-Chaung-Kloster auf dem Inle-See werden Sie von sanft lächelnden Buddhas begrüßt. › S. 15

☐ **Zum Staunen**
Bunte Mosaikfenster, Glasfliesen, filigrane Teakholzschnitzereien und verspiegelte Wände – das Seindon-Mibaya-Kloster in Mawlamyine ist eine überraschende Schatzkiste. › S. 15

Mitbringsel für Daheim

Myanmar zum Umhängen: Bunte Stofftaschen aus dem Shan-Staat › S. 16

Chinlon: Die geflochtenen Bälle aus Rattan passen in jeden Koffer › S. 16